Was ist der Tod?

Ein Werk von Hans Hahn

– basierend auf persönlichen Gedanken und philosophischen Betrachtungen über das letzte Geheimnis des Lebens

Vorwort:

Das Thema Tod ist etwas, das uns alle betrifft, doch oft vermeiden wir, darüber nachzudenken geschweige denn zu sprechen. Für mich ist der Tod nicht das Ende, sondern ein natürlicher Teil des Lebens, ein Übergang in etwas Neues, das wir noch nicht ganz begreifen können. Dieses Buch ist das Ergebnis meiner vielen Jahre des Nachdenkens und meiner persönlichen Erfahrungen – sei es durch den Verlust geliebter Menschen oder durch Gespräche mit Menschen, die eine besondere Beziehung zum Tod hatten.

Im Laufe meines Lebens bin ich oft auf das Thema Tod gestoßen – beruflich und privat – und habe erkannt, dass er zum Leben gehört, so sehr wir ihn auch zu verdrängen versuchen.

Ich möchte zeigen, dass der Tod nichts ist, was man fürchten muss. Er ist der letzte Schritt auf dem Weg des Lebens, der uns vielleicht sogar zu einem neuen Anfang führt. Meine Überlegungen sind keine endgültigen Wahrheiten, sondern Einladungen, über das nachzudenken, was jenseits der greifbaren Welt liegt. Mit diesem Buch möchte ich Trost spenden, Hoffnung geben und vielleicht auch ein Stück die Angst vor dem Unbekannten nehmen.

Am Ende ist der Tod nur eine Tür, die jeder von uns irgendwann durchschreiten wird – wohin sie führt, bleibt ein Geheimnis. Aber vielleicht liegt dahinter etwas, das nicht das Ende, sondern der Beginn von etwas ganz Wundervollem ist.

© 2024 Hans J. Hahn
Verlag: BoD · Books on Demand GmbH, Überseering 33, 22297 Hamburg, bod@bod.de
Druck: Libri Plureos GmbH, Friedensallee 273, 22763 Hamburg
ISBN: 978-3-8192-4400-1

Inhaltsverzeichnis – „Was ist der Tod?" von Hans Hahn

Einleitung: Die letzte Reise

Wenn ich an den Tod denke, denke ich an das große, unausweichliche Geheimnis unseres Daseins. Der Tod ist wie ein Tor, hinter dem alles und nichts zugleich liegen könnte. Er erinnert uns daran, dass unser Leben endlich ist und dass jede Begegnung, jede Freude, jedes Lachen nur einen flüchtigen Augenblick ausmacht, den wir nicht festhalten können.

Der Tod fordert uns leise auf, uns zu fragen, was wir aus der Zeit machen, die uns gegeben ist. Er ist nicht unser Feind, sondern ein Begleiter, der im Hintergrund bleibt und uns daran erinnert, mutig zu leben, wertzuschätzen, was wir haben, und loszulassen, was uns nicht erfüllt.

In einer Welt, die so oft versucht, den Tod zu verdrängen, ihm zu entkommen oder ihn hinauszuzögern, erscheint es mir umso wichtiger, ihn als Teil des Lebens zu akzeptieren. Denn wenn wir den Tod annehmen, können wir auch das Leben mit größerer Tiefe und Bewusstheit führen.

Der Gedanke an den Tod lehrt mich, dass wahres Glück nicht darin liegt, immer mehr Zeit zu gewinnen, sondern die Zeit, die wir haben, mit Bedeutung zu füllen. Der Tod ist nicht das Ende, sondern eine Veränderung, ein Übergang – vielleicht in eine Form des Seins, die wir nicht kennen, aber die doch zu uns gehört.

Der Tod ist ein Thema, das mich schon lange begleitet. Nicht, weil ich ständig darüber nachdenke, sondern weil er ein unvermeidlicher Teil unseres Daseins ist. Irgendwann stehen wir alle vor dieser Schwelle, und doch scheint es, als würden wir uns im Alltag davor verschließen. Dieses Buch soll meine persönlichen Gedanken und Erfahrungen rund um das Thema Tod zusammenführen – nicht als etwas, vor dem man sich fürchten muss, sondern als den letzten Schritt auf unserem Weg, der uns sanft in die Stille führt, wo nichts endet, sondern alles neu beginnt.

Ich glaube, dass der Tod nicht das plötzliche Nichts ist, das viele fürchten. Vielleicht ist er vielmehr ein sanftes Hinübergleiten, ein Übergang von einer Existenzform in eine andere. Vielleicht ist er wie eine Reise – eine Reise, deren Ziel wir nicht kennen, aber die uns dennoch irgendwann erwartet.

Es gibt keine universelle Antwort auf die Frage, was nach dem Tod kommt. Aber vielleicht ist es auch nicht diese Frage, die uns wirklich beschäftigen sollte. Vielleicht sollten wir uns vielmehr fragen: Wie leben wir, solange wir können? Was hinterlassen wir? Was bleibt von uns, wenn wir nicht mehr da sind?

Dieses Buch soll nicht nur den Tod beleuchten, sondern auch das Leben. Denn beides gehört untrennbar zusammen.

Ihr Hans Hahn

Kapitel 2: Der Tod in verschiedenen Kulturen – Eine Reise durch die Welt des Glaubens und der Rituale

Der Tod ist eine universelle Erfahrung, und doch wird er in den verschiedenen Kulturen dieser Welt auf ganz unterschiedliche Weise wahrgenommen. Während er in manchen Gesellschaften als ein endgültiges Ende betrachtet wird, sehen andere ihn als einen Übergang, als eine Fortsetzung in einer anderen Form. Manche Kulturen feiern den Tod, während andere ihn betrauern. Diese Vielfalt an Perspektiven zeigt, dass der Tod nicht nur eine biologische Realität ist, sondern auch eine Frage der Interpretation, der Tradition und des Glaubens.

In der westlichen Welt, insbesondere in Europa und Nordamerika, ist der Tod oft mit Angst, Trauer und einem tiefen Gefühl des Verlustes verbunden. Er wird als das endgültige Ende eines Lebens betrachtet, als ein schmerzlicher Schnitt, der das Band zwischen den Lebenden und den Toten durchtrennt.

Unsere Trauerkultur ist geprägt von Stille, Dunkelheit und Ernsthaftigkeit. Schwarze Kleidung, gedämpfte Stimmen, Kerzenlicht

und stille Prozessionen – all dies zeigt, wie tief verwurzelt die Vorstellung ist, dass der Tod etwas ist, das betrauert werden muss.
Friedhöfe sind Orte der Ruhe, der Erinnerung, aber auch der Distanz. Viele Menschen haben Angst, über den Tod zu sprechen, als würde er sich dadurch schneller nähern.

Doch selbst in der westlichen Kultur gibt es Unterschiede. In südlichen Ländern wie Spanien oder Italien sind Beerdigungen oft emotionaler. Tränen werden nicht verborgen, sondern offen gezeigt. Manchmal gibt es sogar Trauerweiber, die eigens engagiert werden, um die kollektive Trauer lautstark auszudrücken.

Aber auch hier beginnen sich Veränderungen abzuzeichnen. Immer mehr Menschen wünschen sich alternative Bestattungsformen, die dem Leben, das sie geführt haben, gerechter werden. Sei es eine Seebestattung, eine Naturbestattung oder sogar das Feiern des Lebens statt der Trauer um den Tod – langsam beginnt sich die westliche Sichtweise zu wandeln

Eines der bekanntesten Beispiele für eine völlig andere Sichtweise auf den Tod ist Mexiko. Dort wird der Día de los Muertos, der Tag der Toten, jedes Jahr am 1. und 2. November gefeiert. Statt den Tod als etwas Trauriges zu betrachten, wird er hier als eine Gelegenheit gesehen, sich an die Verstorbenen zu erinnern und sie symbolisch wieder in die Welt der Lebenden einzuladen.

Bunte Altäre, die Ofrendas, werden mit Blumen, Kerzen, Fotos und den Lieblingsspeisen der Verstorbenen geschmückt. Es wird gelacht, getanzt, gefeiert – und man spricht über die Verstorbenen, als wären sie nur auf einer langen Reise. Der Tod ist hier nichts, das gefürchtet werden muss, sondern etwas, das akzeptiert und integriert wird.

Ich finde diesen Umgang mit dem Tod faszinierend. Er zeigt, dass es möglich ist, den Tod als etwas Natürliches zu begreifen, ohne ihn als das Ende von allem zu sehen. Vielleicht sollten wir uns ein wenig davon inspirieren lassen – nicht, indem wir die Trauer unterdrücken, sondern indem wir dem Tod einen Platz in unserem Leben geben, anstatt ihn aus unserem Bewusstsein zu verbannen. Der hinduistische Glaube sieht den Tod nicht als das Ende, sondern als eine Station auf einer langen Reise. Im Zentrum steht die Vorstellung der Wiedergeburt. Der Tod ist lediglich der Moment, in dem die Seele den Körper verlässt, um in eine neue Existenz einzutreten – je nachdem, wie sie ihr vorheriges Leben gelebt hat.

Diese Vorstellung verändert den Blick auf den Tod fundamental. Wenn der Tod nicht das Ende ist, dann gibt es auch keinen Grund, ihn zu fürchten. Das bedeutet jedoch nicht, dass er nicht ernst genommen wird. In Indien gibt es viele Rituale, die den Übergang der Seele begleiten sollen. Eine der bekanntesten Bestattungsformen ist die Verbrennung am Ganges. Der Ganges gilt als heiliger Fluss, und es wird geglaubt, dass eine Einäscherung an seinen Ufern der Seele hilft, sich aus dem Kreislauf der Wiedergeburten zu befreien.

Ich stelle mir oft vor, wie es wäre, mit dieser Vorstellung vom Tod zu leben. Würde es nicht vieles leichter machen? Die Angst, das Ungewisse, die Trauer? Wenn ich wüsste, dass es weitergeht – vielleicht auf eine Weise, die ich nicht verstehen kann, aber dennoch weitergeht – würde das nicht eine gewisse Ruhe bringen?

In Japan ist die Sicht auf den Tod stark vom Buddhismus geprägt. Auch hier glaubt man an Wiedergeburt, aber gleichzeitig gibt es eine tiefe Ehrfurcht vor den Ahnen. Die Ahnenverehrung ist in Japan ein zentraler Bestandteil des kulturellen Lebens. Man glaubt, dass die Verstorbenen nicht einfach verschwinden, sondern dass sie als Geisterwesen weiterexistieren und die Lebenden beschützen.
Jedes Jahr gibt es das Obon-Fest, eine Art japanischer Totentag, bei dem die Geister der Ahnen symbolisch nach Hause kommen. Familien stellen Laternen auf, um den Seelen den Weg zu weisen, und am Ende des Festes werden kleine Boote mit Kerzen auf Flüsse gesetzt, um die Geister wieder in die andere Welt zu geleiten.

Mich berührt diese Vorstellung. Sie zeigt, dass der Tod nicht nur als Verlust gesehen wird, sondern als eine Verbindung, die bestehen bleibt. Vielleicht können wir auch hier etwas lernen – dass unsere Verstorbenen nicht einfach fort sind, sondern in unserer Erinnerung, in unseren Geschichten und vielleicht auf eine Weise, die wir nicht ganz begreifen können, immer noch da sind.

In vielen afrikanischen Kulturen ist der Tod kein einzelnes Ereignis, sondern Teil eines langen Prozesses. Die Verstorbenen werden nicht als "weg" betrachtet, sondern als Ahnen, die weiterhin Einfluss auf das Leben der Familie und der Gemeinschaft haben.

Rituale sind in vielen afrikanischen Ländern besonders wichtig. In Ghana zum Beispiel gibt es aufwendig gestaltete Fantasiesärge, die die Persönlichkeit oder den Beruf des Verstorbenen symbolisieren – sei es als Flugzeug, Fisch oder sogar als Coca-Cola-Flasche. Der Tod wird nicht als Ende der Identität gesehen, sondern als Fortsetzung in einer anderen Form.

Diese Perspektive zeigt mir, dass der Tod nicht nur individuell betrachtet werden kann. Er ist auch eine soziale Erfahrung. Wir sterben nicht nur als Einzelne, sondern immer auch als Teil einer Gemeinschaft.

Der Tod hat viele Gesichter – je nachdem, wo und wie man lebt. Doch eines haben alle Kulturen gemeinsam: Der Tod wird nicht ignoriert, sondern in irgendeiner Form in das Leben integriert.

Wir in der westlichen Welt neigen dazu, den Tod auszublenden. Wir schieben ihn beiseite, reden nicht darüber, tun so, als würde er uns nicht betreffen – bis er dann plötzlich vor uns steht. Vielleicht wäre es an der Zeit, einen anderen Umgang mit ihm zu finden.

Vielleicht können wir etwas von den Mexikanern lernen, die den Tod mit Farben und Freude ehren. Vielleicht können wir uns die Ruhe der Hindus nehmen, die wissen, dass das Leben nur ein Teil eines größeren Zyklus ist. Oder die Verbundenheit der Japaner, die ihre Ahnen nie wirklich gehen lassen, sondern sie als Teil ihres Alltags betrachten.

Vielleicht, und das ist meine Hoffnung, können wir lernen, den Tod nicht als Feind zu sehen – sondern als Lehrer. Als etwas, das uns daran erinnert, das Leben wirklich zu leben, solange wir es noch haben.

Doch ich frage mich auch: Was bedeuten diese Rituale für mich persönlich? Sind sie ein Trost, ein Weg, um Abschied zu nehmen, oder eher ein Symbol für etwas Größeres? Ich habe gelernt, dass Rituale nicht starr sein müssen. Jeder von uns kann seine eigenen Wege finden, mit dem Tod und der Trauer umzugehen. Manchmal reicht es, in die Natur zu gehen, einen Stein ins Wasser zu werfen oder einfach in Stille zu verweilen."

Wenn ich durch die Wälder der Eifel streife, finde ich überall Spuren des Lebens – aber auch des Vergehens. Umgestürzte Bäume, deren Holz langsam von Moos überzogen wird, oder Blätter, die im Herbst zu Boden sinken und den Boden nähren, aus dem neues Leben sprießt. Es ist ein ständiger Kreislauf von Werden und Vergehen. In diesen Momenten wird mir bewusst, dass der Tod nichts Endgültiges ist, sondern Teil eines größeren Ganzen.

Auch wir Menschen sind Teil dieses Kreislaufs, so schwer es uns manchmal fällt, das zu akzeptieren. Vielleicht liegt unsere Angst vor dem Tod darin begründet, dass wir uns als etwas Getrenntes von der Natur sehen. Doch je mehr ich mich mit diesem Gedanken beschäftige, desto mehr Frieden finde ich in der Erkenntnis, dass wir in gewisser Weise nie wirklich verschwinden. Wir kehren zurück, werden zu Erde, zu Energie, zu Erinnerung."

Kapitel 3: Persönliche Begegnungen mit dem Tod

Wie jeder Mensch habe auch ich Momente erlebt, in denen der Tod spürbar war. Sei es durch den Verlust von geliebten Menschen oder durch Situationen, die mich daran erinnert haben, wie schnell das Leben enden kann. Diese Begegnungen haben mich gelehrt, dass der Tod immer präsent ist, aber nicht als ständige Bedrohung, sondern als stille Begleiterin des Lebens.

Eine besondere Erinnerung habe ich an einen langjährigen Patienten, der sich selbst auf seinen Tod vorbereitete. Er sprach ruhig und offen darüber, wie er spürte, dass seine Zeit bald kommen würde. Solche Gespräche zeigten mir, dass der Tod auch etwas Friedliches haben kann, wenn man ihm nicht mit Angst begegnet.

Sehr oft denke an meine Katzen, die mich seit Jahren begleiten. Sie spüren Dinge, die uns einfach verborgen bleiben – wie bevorstehende Veränderungen oder gar das Ende eines Lebens. Tiere scheinen eine tiefere Verbindung zum Tod zu haben, vielleicht weil sie sich mehr auf ihre Instinkte verlassen als wir Menschen. Der Tod, so scheint es, ist für sie nicht das gleiche Rätsel, das er für uns darstellt.

Der Tod ist eine Konstante in unserem Leben – wir alle begegnen ihm irgendwann, sei es durch den Verlust geliebter Menschen und Tiere oder durch Momente, in denen wir uns unserer eigenen Sterblichkeit bewusst werden. Manche Erlebnisse sind so einschneidend, dass sie unsere Sicht auf den Tod für immer verändern.

Ich erinnere mich an eine Begegnung mit einem langjährigen Patienten, der wusste, dass seine Zeit gekommen war. Er sprach darüber mit einer Klarheit und Gelassenheit, die mich tief beeindruckte. „Es ist gut so", sagte er. „Ich habe mein Leben gelebt, ich habe geliebt, gelacht, gekämpft. Ich bin bereit." Solche Worte vergisst man so schnell nicht und bleiben im Gedächtnis. Sie zeigten mir, dass es Menschen gibt, die den Tod nicht fürchten, sondern ihn als natürlichen Teil des Lebens annehmen.

Aber es gab auch andere Begegnungen – solche, in denen die Angst spürbar war. Menschen, die bis zuletzt kämpften, weil sie noch nicht gehen wollten. Der Unterschied zwischen diesen beiden Haltungen zum Tod fasziniert mich. Warum nehmen manche den Tod an, während andere verzweifelt daran festhalten, am Leben zu bleiben? Liegt es daran, ob sie ihr Leben als erfüllt betrachten? Oder ist es einfach eine Frage der inneren Einstellung?

Ich glaube, dass wir in unserer Kultur den Tod oft verdrängen, weil wir Angst vor ihm haben. Wir tun so, als wäre er etwas, das uns nicht betrifft, als könnten wir ihn ignorieren. Doch er ist immer da, im Hintergrund, als ständiger Begleiter. Und wenn wir ihn akzeptieren, wenn wir uns mit ihm auseinandersetzen, nimmt er seinen Schrecken.

Schon wieder denke ich an meine Katzen. Tiere haben eine ganz besondere Beziehung zum Leben und zum Tod. Sie fürchten den Tod nicht, zumindest nicht in der Weise, wie wir es tun. Sie grübeln nicht darüber nach, stellen keine Theorien auf, schreiben keine Bücher darüber. Und doch scheint es, als hätten sie ein tieferes Verständnis für den Kreislauf der Natur. Schon mehrfach wurde berichtet – das Katzen sich ruhig an einen sterbenden Menschen oder ein anderes Tier legen, als wollten sie Trost spenden. Tiere haben eine Verbindung zu Dingen, die wir nicht verstehen. Vielleicht, weil sie den Tod einfach als Teil der Natur akzeptieren.

Was ich aus all diesen Begegnungen gelernt habe, ist, dass der Tod nicht nur ein Ende ist. Er ist auch ein Spiegel, der uns zeigt, wie wir unser Leben gelebt haben. Und die Frage, die bleibt, ist nicht: „Wann kommt der Tod?", sondern: „Wie lebe ich, bis er kommt?"

Kapitel 4: Was bleibt nach dem Tod?

Viele Menschen glauben an ein Leben nach dem Tod, an eine Weiterexistenz der Seele oder an eine Form von Wiedergeburt. Ich glaube, dass nach dem Tod nicht alles endet, sondern dass etwas von uns weitergeht. Für mich haben Regenbögen eine ganz besondere Bedeutung und Faszination. Jedes Mal, wenn ich einen sehe, spüre ich eine Verbindung zwischen Himmel und Erde. Es ist, als ob der Regenbogen eine Brücke darstellt, die die Seelen der Verstorbenen nutzen, um in die nächste Welt zu gelangen.

Ich stelle mir oft vor, dass die Seelen nicht sofort nach dem Tod "gehen", sondern eine Weile verweilen, vielleicht, um sich zu verabschieden oder um Frieden zu finden, bevor sie die Regenbogenbrücke betreten. Diese Brücke scheint für mich eine symbolische Verbindung zwischen dem Diesseits und dem Jenseits zu sein, eine leuchtende, farbenfrohe Erinnerung daran, dass der Tod nicht nur Dunkelheit bedeutet, sondern auch Hoffnung auf einen Übergang in etwas Neues.

Besonders in der dunklen Jahreszeit, wenn der Herbst in den Winter übergeht, habe ich oft das Gefühl, dass mehr Menschen sterben. Je näher es auf Weihnachten zugeht, desto häufiger scheint der Tod an unserer Tür zu klopfen. Es fühlt sich an, als ob der Regenbogen zu dieser Zeit besonders intensiv leuchtet, um den Seelen den Weg zu weisen. Obwohl Studien zeigen, dass es keine Häufung von Sterbefällen in diesen Monaten gibt, bleibt dieses Gefühl in mir bestehen.

Manchmal stelle ich mir vor, dass an
der Regenbogenbrücke regelrecht Andrang
herrscht, wenn viele Menschen gleichzeitig
sterben. Vielleicht warten die Seelen auf ihren
Moment, um die Brücke zu überqueren. Diese
Vorstellung, so skurril sie auch erscheinen
mag, hat für mich etwas Tröstliches. Es zeigt,
dass der Tod kein abruptes Ende ist, sondern
ein sanfter Übergang, bei dem uns Zeit
gegeben wird, uns zu verabschieden.

Kapitel 5: Der Moment des Übergangs

Fürchte den Tod nicht, denn er ist nur der
letzte Schritt auf dem Weg des Lebens, der
dich sanft in die Stille führt, wo nichts endet,
sondern alles neu beginnt. Der Tod ist für mich
kein abruptes Ende, sondern ein sanfter
Übergang in etwas Neues. Vielleicht spüren
wir ihn nicht einmal bewusst, wenn der
Moment kommt, in dem unser Körper loslässt.
Vor vielen Jahren sprach ich mit einer
Ordensschwester vom Karmeliter Orden, die
mir erzählte, dass das eigentliche Ziel ihres

Lebens darin bestehe, heimzukehren – um endlich bei Gott zu sein. Sie betrachtete den Tod als Erlösung, auf die sie ihr ganzes Leben hingearbeitet hatte. Diese tiefe Zufriedenheit und Freude, die sie ausstrahlte, beeindruckte mich zutiefst und bis heute fort. Für sie war der Tod kein schmerzhafter Abschied, sondern eine ersehnte Rückkehr.

Diese Begegnung zeigte mir, dass der Tod für manche Menschen eine Art Heimkehr ist. Es gibt keinen Grund zur Angst, denn er ist einfach der Moment, in dem wir loslassen und in etwas Größeres eintauchen.

Kapitel 6: Meine persönliche Begegnung mit der Vergänglichkeit

"Der Tod ist ein Begleiter, der uns oft unsichtbar folgt – bis zu dem Moment, an dem er plötzlich sichtbar wird. In meinem Leben gab es Momente, in denen ich seine Anwesenheit besonders gespürt habe. Ich erinnere mich an einen Tag, der mich dazu brachte, über die Zerbrechlichkeit des Lebens nachzudenken. Es war ein sonniger Nachmittag, doch die Wärme der Sonne konnte nicht den eisigen Schauer vertreiben, der mich durchfuhr, als ich die Nachricht vom Tod eines geliebten Menschen erhielt. Plötzlich erschien alles bedeutungslos: der Alltag, die kleinen Ärgernisse, die uns sonst so beschäftigen.

Es war dieser Moment, der mich dazu brachte, mein eigenes Leben neu zu bewerten. Plötzlich schien die Zeit, die mir noch blieb, begrenzt – und doch voller Möglichkeiten."

„Im Verlauf dieses Buches habe ich versucht, den Tod aus verschiedenen Blickwinkeln zu betrachten – philosophisch, biologisch und kulturell. Doch all diese Betrachtungen sind niemals vollständig, wenn wir nicht unsere eigene, ganz persönliche Erfahrung einfließen lassen. Denn letztlich ist der Tod nicht nur ein abstraktes Konzept, sondern eine Realität, die jeden von uns individuell berührt."

"Jedesmal wenn man mit dem Verlust eines geliebten Menschen konfrontiert wird, spüre ich die Macht der Endgültigkeit. Es ist, als ob ein Teil der Welt, wie ich sie kannte,

unwiderruflich verschwindet. Doch inmitten dieses Schmerzes erkenne ich auch, wie kostbar
die gemeinsamen Momente waren. Die Gespräche, das Lachen, sogar die kleinen Konflikte – alles scheint plötzlich voller Bedeutung.

Diese Erfahrung hat mich gelehrt, dass der Tod nicht nur ein Ende ist, sondern auch ein Spiegel für das Leben. Es ist der Moment, in dem wir erkennen, was wirklich zählt. Nicht die Erfolge, die wir erzielen, nicht das Geld, das wir verdienen, sondern die Spuren, die wir in den Herzen anderer hinterlassen. Ich begann, mein eigenes Leben zu hinterfragen: Habe ich genug gegeben? Habe ich die Menschen um mich herum wirklich gesehen und verstanden? Diese Fragen begleiten mich bis heute und prägen meine Sicht auf das Leben – und den Tod."

"Vielleicht ist es genau diese Dualität, die uns der Tod lehrt: Er zeigt uns, wie vergänglich alles ist, und erinnert uns gleichzeitig daran, die Vergänglichkeit zu umarmen. Denn in der Endlichkeit liegt auch eine besondere

Schönheit. Ohne sie würden wir die
Bedeutung jedes Augenblicks verlieren."

Kapitel 7: Über die Angst vor dem Tod

"Die Angst vor dem Tod ist ein stiller
Begleiter, der uns oft unbewusst antreibt. Ich
erinnere mich an Zeiten in meinem Leben, in
denen diese Angst präsenter war, als ich es mir
eingestehen wollte. Es war nicht die Angst vor
dem Schmerz oder dem Unbekannten, sondern
die Sorge, Dinge unvollendet zu lassen. Werde
ich genug Zeit haben, meine Träume zu
verwirklichen? Werde ich den Menschen, die
mir etwas bedeuten, das geben können, was sie
verdienen?

Doch mit der Zeit habe ich gelernt, diese
Angst zu hinterfragen. Ist sie nicht vielmehr
eine Erinnerung daran, dass das Leben
begrenzt ist? Vielleicht liegt darin eine Art
Geschenk, denn ohne diese Begrenzung
würden wir die Zeit, die uns bleibt, nicht
schätzen. Heute versuche ich, jeden Tag so zu

leben, dass ich am Ende nichts bereue – auch wenn ich weiß, dass das nicht immer gelingt."

"Rückblickend auf mein Leben habe ich erkannt, dass die Momente, in denen der Tod mir nahe war, auch die Momente waren, die mich am meisten gelehrt haben. Als ich einen sehr guten Freund verlor, wurde mir bewusst, wie wichtig es ist, das Leben nicht aufzuschieben. 'Irgendwann' ist kein Datum im Kalender. Der Tod hat mir gezeigt, dass es keinen perfekten Moment gibt, um das zu tun, was man tun will – es gibt nur den jetzigen Augenblick.

Es ist paradox, aber der Tod lehrt uns das Leben. Er zwingt uns, innezuhalten und zu reflektieren und immer wieder stellen sich die gleichen Fragen: Wie lebe ich? Was hinterlasse ich? Diese Fragen sind herausfordernd aber sie haben mir geholfen, den Fokus auf das zu legen, was wirklich zählt – auf Beziehungen, auf kleine Gesten, auf die Dankbarkeit für jeden Atemzug und ganz wichtig Menschlichkeit." Die leider heutzutage nicht mehr selbstverständlich ist, aber dazu in einem anderen Buch mehr.

"Ich glaube fest daran, dass Menschen, die wir geliebt haben, nie wirklich verschwinden. Sie bleiben in uns lebendig – in unseren Erinnerungen, in den Geschichten, die wir erzählen, und in den Werten, die sie uns vermittelt haben. Jedes Mal, wenn ich an jemanden denke, den ich verloren habe, spüre ich, wie diese Verbindung weiterbesteht.

Der Tod mag eine physische Trennung sein, aber die Liebe, die wir teilen, überdauert ihn. Das ist es, was uns viel Trost spendet. Es gibt eine Art von Unsterblichkeit, die wir schaffen, wenn wir die Erinnerung an einen Menschen bewahren und in unserem eigenen Leben weitertragen."

"Am Ende ist der Tod für mich nicht nur das Ende, sondern auch ein Neubeginn – in welcher Form auch immer. Ob wir an ein Leben nach dem Tod glauben oder nicht, der Gedanke, dass wir ein Teil von etwas Größerem sind, ist für mich tröstlich. Vielleicht werden wir eins mit der Erde, vielleicht kehren wir in eine kosmische Energie zurück, oder vielleicht bleiben wir einfach in den Herzen der Menschen, die uns kannten.

Angst vor dem Tod ist universell – sie begleitet die Menschheit seit Anbeginn der Zeit. Doch warum fürchten wir den Tod so sehr? Ist es die Angst vor dem Unbekannten? Die Angst, nicht genug Zeit zu haben? Oder fürchten wir uns davor, vergessen zu werden?

Ich glaube, dass die Angst vor dem Tod oft aus einer tiefen Sehnsucht nach Kontrolle entsteht. Wir kontrollieren so vieles in unserem Leben – unsere Entscheidungen, unsere Pläne, unser Umfeld. Doch der Tod entzieht sich dieser Kontrolle. Er kommt, wann er will, und wir haben keine Macht über ihn. Das macht ihn so furchteinflößend.

Aber was wäre, wenn wir diese Angst loslassen könnten? Wenn wir den Tod nicht als etwas sehen würden, das uns bedroht, sondern als etwas, das uns lehrt?

Ich erinnere mich an ein Gespräch mit einer älteren Frau, die kurz vor ihrem Tod stand. Sie sagte: „Ich habe keine Angst vor dem Tod. Ich habe Angst davor, vergessen zu werden."
Diese Worte blieben mir lange im Kopf. Ist es das, was uns am meisten beschäftigt? Dass

unser Leben bedeutungslos war, wenn wir nicht mehr da sind?

Aber vielleicht ist es genau umgekehrt. Vielleicht sind es nicht die großen Dinge, die bleiben, sondern die kleinen. Die Gespräche, die wir geführt haben. Die Spuren, die wir in den Herzen anderer hinterlassen haben.

Ich frage mich oft: Würden wir unser Leben anders leben, wenn wir keine Angst vor dem Tod hätten? Würden wir mutiger sein? Würden wir die Dinge tun, die uns wirklich erfüllen?

Kapitel 8: Die Sprache des Todes – Warum wir nicht sagen, was wir meinen

Der Tod ist hart. Er ist endgültig. Er ist nichts, was sich wegdiskutieren oder aufschieben lässt. Und genau deshalb fällt es uns so schwer, über ihn zu sprechen.

Wir reden um den heißen Brei herum. Sagen nicht einfach: „Er ist tot." Stattdessen sagen wir: „Er ist von uns gegangen." Oder: „Er hat uns verlassen." Als hätte er sich einfach entschlossen, zu verschwinden, als hätte er eine Tür geöffnet, durch die wir ihm nicht folgen können.

Wir sagen: „Er ist eingeschlafen." Klingt friedlich, sanft, fast romantisch. Aber jeder, der den Tod wirklich erlebt hat, weiß, dass das meistens nicht so ist. Der Tod ist selten ein sanftes Einschlafen. Manchmal ist er ein Kampf, manchmal ein stilles Erlöschen, manchmal ein plötzlicher Riss im Gewebe der Realität.

Doch wir brauchen diese Worte. Sie helfen uns, den Tod erträglicher zu machen. Sie schaffen eine Distanz zwischen uns und der harten Wahrheit. Wenn wir sagen, jemand sei „verstorben", dann fühlt sich das anders an als „tot". Es klingt höflicher, weniger brutal.

Aber genau das ist das Problem.

Denn in Wahrheit ist der Tod brutal. Er macht keine Kompromisse. Er nimmt mit, wen er will, wann er will, ohne sich zu erklären. Und wenn wir ihn in weiche Worte packen, dann

tun wir das nicht, weil er dadurch anders wird
– sondern weil wir es sind, die ihn nicht
ertragen.

Sprache ist unser Schutzschild gegen die
Realität.

Wir sagen: „Er hat seinen letzten Weg
angetreten." Oder: „Sie ist nur erlöst." Aber
wir sagen nicht: „Sie ist weg. Für immer."

Denn das ist der Satz, der wirklich schmerzt.

Der Tod ist das endgültige Aus. Und das
wollen wir nicht hören, nicht aussprechen,
nicht begreifen. Also reden wir drumherum,
machen ihn kleiner, milder, erträglicher.
Vielleicht auch für uns selbst.

Aber manchmal, wenn die Trauer am größten
ist, reicht das nicht. Dann fühlen sich diese
schönen Worte falsch an, wie Lügen, die den
Schmerz nur noch schlimmer machen.

Manchmal will man einfach nur schreien:

„Nein, er ist nicht gegangen. Er ist nicht eingeschlafen. Er ist nicht erlöst. Er ist verdammt nochmal tot!"

Aber so redet man nicht. So schreibt man keine Todesanzeige.

Also formulieren wir es sanfter. Verstecken den Tod hinter Worten, die weniger wehtun.

Aber warum?

Vielleicht, weil wir Angst vor der Endgültigkeit haben. Weil wir uns davor fürchten, dass wir irgendwann selbst an der Reihe sind.

Wenn wir sagen, jemand sei „eingeschlafen", klingt das, als könnte er wieder aufwachen. Wenn wir sagen, er sei „von uns gegangen", dann klingt das, als wäre er noch irgendwo da draußen. Vielleicht sogar erreichbar.

Aber wir wissen es besser.

Wir wissen, dass der Tod kein sanftes Hinübergleiten in eine andere Welt ist, sondern ein Punkt am Ende eines Satzes, den wir nicht weiterführen können.

Und doch sprechen wir nicht über ihn. Nicht direkt. Nicht ehrlich.

Wir meiden das Thema, solange wir können. Weil es unbequem ist. Weil es uns erinnert, dass wir endlich sind. Weil wir glauben, wenn wir nicht darüber reden, dann bleibt er uns vielleicht noch ein bisschen länger erspart.

Aber das ist eine Illusion.

Der Tod interessiert sich nicht für unsere Sprache. Er kommt trotzdem. Und wenn er da ist, dann spielt es keine Rolle mehr, welche Worte wir wählen.

Dann ist er einfach nur da.

Wie würden wir leben, wenn wir anders über den Tod sprechen würden?

Ich frage mich manchmal, ob wir anders leben würden, wenn wir auch anders über den Tod reden würden.

Wenn wir aufhören würden, ihn zu verstecken. Wenn wir lernen würden, ihn zu akzeptieren. Wenn wir aufhören würden, ihn in Watte zu packen.

Vielleicht hätten wir dann weniger Angst. Vielleicht wären wir ehrlicher. Vielleicht würden wir unser Leben mehr zu schätzen wissen.

Aber vielleicht ist genau das der Grund, warum wir es nicht tun.

Denn wenn wir wirklich aussprechen würden, dass der Tod kein Neuanfang, keine Tür, keine Heimkehr ist, sondern das Ende von allem, was wir je waren, dann müssten wir uns eingestehen, wie wenig Zeit wir wirklich haben.

Und das ist vielleicht die Wahrheit, die wir am wenigsten hören wollen.

Der Tod interessiert sich nicht für Worte

Am Ende spielt es keine Rolle, welche Begriffe wir verwenden.

Wir können ihn Tod nennen oder Übergang.
Wir können sagen, jemand ist „eingeschlafen"
oder einfach nur „weg".

Aber der Tod selbst bleibt unbeeindruckt.

Er braucht keine Worte.

Er ist einfach und irgendwann da.

Und vielleicht ist genau das das Einzige, was
wir wirklich über ihn sagen können.

Kapitel 9: Die herausfordung des Abschieds

Der Sterbeprozess eines Menschen, den man
lange kennt und liebt, bringt oft schmerzhafte
Veränderungen mit sich. Es ist nicht nur der
Körper, der sich wandelt, sondern auch der
Geist, das Verhalten, manchmal sogar die
Persönlichkeit. Für Angehörige ist dieser
Prozess schwer zu ertragen, da der geliebte
Mensch nicht mehr derjenige zu sein scheint,
der er einmal war.

Die Veränderungen können durch die Krankheit, Schmerzmittel oder die Nähe zum Lebensende bedingt sein. Diese Zeit verlangt von den Angehörigen nicht nur, Abschied zu nehmen, sondern auch mit den neuen Facetten eines vertrauten Menschen umzugehen. Oft bleibt das Gefühl, denjenigen, den man so lange kannte, Stück für Stück zu verlieren.

Doch inmitten dieses Schmerzes liegt auch eine besondere Form der Nähe. Es sind die Momente, in denen Worte weniger wichtig werden und die bloße Gegenwart zählt. Viele erkennen in dieser Zeit, dass Liebe und Verbundenheit nicht an äußeren Merkmalen hängen, sondern an der tiefen gemeinsamen Geschichte.

Der Abschied fällt schwer, aber oft wird er von einer leisen Dankbarkeit begleitet – für die gemeinsam verbrachte Zeit und für die Chance, auch in den letzten Tagen einfach nur da zu sein.

Einen geliebten Menschen bzw. auch ein Tier gehen zu lassen, ist wohl eine der schwersten Prüfungen, die uns das Leben auferlegt. Abschied nehmen bedeutet nicht nur den

Verlust einer Person oder des geliebten Tieres, sondern auch den Verlust eines Teils von uns selbst – der Momente, die wir geteilt haben, der Gespräche, die nie wieder geführt werden, der Pläne, die plötzlich ins Leere laufen, die schönen Spaziergänge etc.

Was bleibt nach einem Abschied? Erinnerungen. Aber Erinnerungen sind trügerisch. Sie verblassen mit der Zeit, verlieren ihre Schärfe, und manchmal fragt man sich: War es wirklich so, wie ich es in meinem Kopf sehe? Habe ich die Stimme richtig im Ohr, das Lächeln genau vor Augen?

Ich erinnere mich an Situationen, in der mir bewusst wurde, wie sehr der Tod uns herausfordert. Es waren Momente der völligen Stille, als ich neben geliebten Menschen saß, dessen Lebenslicht langsam erloschen oder geliebte Tiere in meinen Beisein starben. Ich hätte vielleicht viel sagen können – aber was hätte es geändert? In diesem Moment wurde mir klar, dass Abschied nicht in Worten geschieht, sondern im Herzen.

Die Schwierigkeit liegt oft nicht im Tod selbst, sondern im Loslassen. Wir klammern uns an das, was war, weil es uns Sicherheit gibt. Aber das Leben fragt nicht, ob wir bereit sind. Es nimmt uns die Menschen oder Tiere, die wir lieben, ob wir es wollen oder nicht.

Doch mit der Zeit habe ich erkannt: Ein Abschied ist nicht das Ende. Die Menschen & Tiere, die wir verloren haben, verschwinden nicht wirklich. Sie bleiben ein Teil von uns – in den Gedanken.

Vielleicht ist das der wahre Sinn des Abschieds: nicht loszulassen, um zu vergessen, sondern loszulassen, um die Verstorbenen in uns weiterleben zu lassen.

Kapitel 10: Ein Dialog mit dem Tod

Dieser imaginäre Dialog sollte helfen die Sichtweise auf die Dinge etwas zu verändern, ich finde es ziemlich amüsant und ernst zugleich. Los geht's,

Manchmal stelle ich mir vor, der Tod säße mir
gegenüber – wie ein alter Bekannter, der auf
einen Kaffee vorbeikommt.

Ich schaue ihn an und frage:
„Warum machst du den Menschen so viel
Angst?"

Er lächelt nur und antwortet:
„Weil ihr mich nicht versteht."

Wir denken oft, der Tod sei unser größter
Feind. Doch was, wenn er nur ein Begleiter ist,
der leise an unserer Seite bleibt? Nicht, um uns
zu bedrohen, sondern um uns daran zu
erinnern, dass unsere Zeit begrenzt ist – und
dass genau das unser Leben so wertvoll macht.

„Du kommst immer zu früh", sage ich.

Er schüttelt den Kopf.
„Ich komme nie zu früh. Ich komme genau
dann, wenn es an der Zeit ist."

„Aber was ist mit denen, die zu jung sterben?"

Er senkt den Blick.

„Nicht ich entscheide, wann eure Reise endet. Ich bin nur die Tür, durch die ihr geht. Das Leben selbst bestimmt, wann es euch zu mir schickt."

„Warum hast du kein Gesicht?" frage ich ihn.

Er lacht.
„Weil ich all eure Ängste in mir trage. Jeder sieht mich anders. Für manche bin ich dunkel und schrecklich, für andere bin ich Licht und Frieden. Ich bin das, was ihr in mir seht."

Ich denke darüber nach. Vielleicht ist der Tod wirklich nur ein Spiegel – eine Reflexion unserer eigenen Ängste, unserer Hoffnungen, unserer Sehnsüchte.

„Was kommt nach dir?" will ich wissen.

Er zuckt mit den Schultern.
„Das kann ich dir nicht sagen. Das ist nicht meine Aufgabe."

Ich lehne mich zurück. „Also bist du nicht unser Feind?"

Er schüttelt den Kopf.

„Nein. Ich bin euer Lehrer."

„Was willst du uns beibringen?"

Er schaut mich an, seine Stimme ist sanft.
„Dass ihr das Leben nicht verschwenden sollt.
Dass ihr nicht auf später warten sollt. Dass ihr
die Menschen, die ihr liebt, nicht als
selbstverständlich betrachten sollt."

Ich schlucke. „Also sollen wir nicht über dich
nachdenken?"

„Doch. Aber nicht in Angst – sondern in
Ehrfurcht. Nicht, um mich zu fürchten,
sondern um das Leben zu schätzen."

Die letzte Frage

„Hast du jemals Mitleid?" frage ich ihn
schließlich.

Er nickt.
„Ja. Mehr, als ihr euch vorstellen könnt."

Dann steht er auf, nimmt seinen Mantel und
geht zur Tür.

Ich rufe ihm nach: „Wann sehen wir uns wieder?"

Er hält kurz inne, dreht sich aber nicht um. „Wenn es an der Zeit ist."

Dann ist er fort.

Und ich bleibe zurück – nachdenklich, aber nicht mehr voller Angst.

- Irgendwie wirkt der Tod doch jetzt sympathischer, findet Ihr das nicht auch -

Kapitel 11: Leben und Tod im Gleichgewicht

Nichts und niemand auf dieser Welt ist für die Ewigkeit gebaut. Aber jeder Körper, sei es der eines Menschen oder eines Tieres, folgt einem natürlichen Kreislauf, der mit der Geburt beginnt, durch das Leben führt und letztlich im Tod endet. Im Laufe der Zeit wird unser

Körper älter, er schwächt ab, wird krank und gibt irgendwann auf.

Dieses Schwächer werden des Organismus ist ein Teil des Lebens, und genauso wie der Frühling dem Sommer folgt und der Herbst den Winter bringt, so kommen wir unweigerlich an den Punkt, an dem unser Körper den Geist aufgibt. Doch diese Erkenntnis sollte uns nicht mit Angst erfüllen, sondern mit einem tiefen Verständnis für die Zerbrechlichkeit des Lebens und die Kostbarkeit jedes Moments, den wir erleben dürfen.

Der Tod ist für viele das absolute Ende – ein Abbruch, eine Leere. Doch wenn ich in die Natur schaue, sehe ich keinen endgültigen Tod. Ich sehe Wandlung, einen ständigen Kreislauf.

Jedes Blatt, das im Herbst zu Boden fällt, wird zu Nahrung für neue Pflanzen. Jeder gestorbene Baum gibt dem Boden Kraft für neues Wachstum. Es gibt keinen endgültigen Stillstand – nur Übergänge.

Warum sollte es beim Menschen anders sein?

Ich frage mich oft, warum wir uns als getrennt von der Natur betrachten. Warum wir glauben, dass unser Tod anders ist als der eines Vogels, eines Rehs, eines Blattes im Wind. Vielleicht ist das unser größter Irrtum: dass wir vergessen haben, dass wir Teil dieses Kreislaufs sind.

Der Gedanke an den Tod macht uns Angst, weil wir glauben, dass danach nichts mehr kommt. Doch was, wenn wir nur die Perspektive ändern müssen? Was, wenn wir nicht aufhören zu existieren, sondern nur unsere Form verändern?

Ich stelle mir vor, dass unser Leben wie ein Fluss ist, der ins Meer mündet. Der Fluss existiert weiter – nur nicht mehr in seiner ursprünglichen Form. Er wird Teil von etwas Größerem, vermischt sich, verändert sich, wird zu Regen, zu Nebel, zu neuen Strömen.

Vielleicht ist der Tod genau das: eine Veränderung. Kein Verlust, sondern eine Rückkehr in einen größeren Zusammenhang, den wir mit unseren begrenzten Sinnen nicht erfassen können.

Wenn ich an den Tod denke, denke ich an das Wasser. Es ist nie wirklich fort – es ist immer da, nur in einer anderen Form.

Kapitel 12: Philosophische Überlegungen zur Unsterblichkeit

Manchmal frage ich mich, ob Unsterblichkeit wirklich erstrebenswert wäre. Auf den ersten Blick klingt es wie ein Traum: niemals zu sterben, unbegrenzte Zeit zu haben und ewig jung zu bleiben. Doch bei genauerem Nachdenken stellt sich heraus, dass es ganz und gar nicht so einfach ist.

Wenn das Leben kein Ende hätte, würden wir dann überhaupt noch die kleinen Dinge schätzen? Und überhaupt immer arbeiten ist auch kein schöner Gedanke. Ein gemeinsames Lachen, ein schöner Sonnenuntergang oder ein liebevoller Blick – all diese Momente sind besonders, weil sie vergänglich sind. Ohne den

Tod würde unser Leben endlos weitergehen, aber würde es auch bedeutungsvoller werden? Vielleicht würde uns der Antrieb fehlen, Dinge zu tun, die uns wirklich wichtig sind. Die Ungewissheit, ob wir genug Zeit haben, bringt uns doch erst dazu, unsere Zeit sinnvoll zu nutzen.

Außerdem frage ich mich, was das mit unseren Beziehungen machen würde. Ein Leben ohne Ende könnte dazu führen, dass wir Menschen nicht mehr so sehr wertschätzen. Wenn wir wüssten, dass wir immer wieder neue Chancen hätten, jemanden zu treffen, würden wir dann noch so viel Energie in die Menschen stecken, die uns nahestehen? Der Tod hat auch die Funktion, uns daran zu erinnern, wie wertvoll und einzigartig die Zeit ist, die wir mit unseren Lieben haben.

Und dann ist da noch die Frage, was Unsterblichkeit für die Welt um uns herum bedeuten würde. Würden wir die Erde noch genauso respektieren, wenn wir nie das Gefühl hätten, dass wir etwas hinterlassen müssen? Würden wir uns noch um die nächste Generation kümmern, wenn es keine nächste

Generation geben müsste, weil niemand mehr stirbt?

Wenn ich ehrlich bin, glaube ich nicht, dass ein Leben ohne Ende wirklich erfüllender wäre. Es ist gerade die Begrenztheit, die uns dazu bringt, das Beste aus der Zeit zu machen, die uns gegeben ist. Der Gedanke, dass alles einmal enden wird, hilft uns, das Leben intensiver zu erleben. Und obwohl der Tod eine Herausforderung ist, gibt er unserem Leben einen Rahmen, in dem wir wirklich wachsen und etwas bewirken können. Unsterblichkeit mag verlockend klingen, aber ohne den Tod würde dem Leben etwas Entscheidendes fehlen.

Kapitel 13: Die letzten Worte – Was bleibt, wenn nichts mehr zu sagen ist?

Es gibt einen Moment, in dem alles gesagt sein sollte. In dem keine Zeit mehr für Ausreden bleibt, keine Möglichkeit, Dinge aufzuschieben. Der Moment, in dem ein Mensch kurz davor ist zu gehen.

Und doch passiert es immer wieder, dass genau dann die wichtigsten Worte fehlen.

Ich habe so oft erlebt, dass Menschen am Sterbebett eines geliebten Menschen standen – voller unausgesprochener Gedanken, voller Dinge, die sie hätten sagen wollen, aber nie gesagt haben.

„Ich liebe dich."
„Es tut mir leid."
„Ich danke dir für alles."

Aber sie hatten immer geglaubt, dass es noch einen richtigen Moment dafür geben würde.

Und dann war dieser Moment vorbei.

Das, was wir nicht sagen, wird das, was uns verfolgt

Es gibt nichts Schlimmeres als den Gedanken:
„Ich hätte es ihm sagen sollen."
„Ich hätte mich entschuldigen sollen."

„Ich hätte ihm noch zeigen sollen, was er mir bedeutet."

Aber der Tod nimmt keine nachträglichen Worte an. Er gibt keine Gelegenheit für ein späteres Gespräch. Er lässt keine zweite Chance zu.

Ich habe in meiner Praxis so viele Menschen gesehen, die mit dieser Last weiterleben mussten. Angehörige, die nicht über ihren Schatten springen konnten, bis es zu spät war. Kinder, die sich jahrelang nicht mit ihren Eltern verstanden haben – und dann standen sie am Grab und fragten sich, warum sie es nicht vorher klären konnten.

Aber der Tod wartet nicht, bis wir uns dazu durchringen.

Ich erinnere mich an einen Patienten, der unheilbar krank war. Er wusste, dass er nicht mehr viel Zeit hatte, und er nutzte diese Zeit für das, was ihm am wichtigsten war.

„Ich rufe alle an, mit denen ich noch was zu klären habe", sagte er mir.

Und er tat es. Er rief alte Freunde an, mit denen er im Streit lag. Er sprach mit seiner Schwester, mit der er jahrelang nicht geredet hatte. Er verabschiedete sich von jedem Menschen, der ihm etwas bedeutete.

Und als er dann wirklich ging, hatte er Frieden.

Aber wie viele tun das?

Die meisten von uns verdrängen den Tod, bis er da ist. Und dann ist es zu spät.

Ich frage mich oft: Wenn ich heute wüsste, dass ich morgen nicht mehr aufwache – was wäre das Letzte, was ich sagen würde?

An meine Frau.
An meine Freunde.
An die Menschen, die mir wichtig sind.

Und genauso frage ich mich: Welche Worte würden die Menschen über mich sagen?

Denn das ist es, was am Ende bleibt. Nicht unser Geld. Nicht unser Besitz. Nicht die

Bücher die wir schreiben. Sondern das, was wir hinterlassen haben – in den Herzen der Menschen, die uns kannten.

Sag es, bevor es zu spät ist

Was hält uns eigentlich davon ab, die wichtigen Dinge auszusprechen, solange wir noch können?

Warum sagen wir nicht öfter „Ich liebe dich"? Warum bitten wir nicht um Verzeihung, solange es noch möglich ist? Warum erzählen wir unseren Freunden nicht, wie viel sie uns bedeuten?

Der Tod ist die absolute Grenze. Danach gibt es nichts mehr zu klären, nichts mehr zu sagen. Danach bleiben nur noch Gedanken, die nicht ausgesprochen wurden.

Und deshalb gibt es nur eine einzige Frage, die wirklich zählt:

Was wirst du noch sagen, bevor es zu spät ist?

Kapitel 14: Der unerwartete Verlust – Eine Lehre über die Endlichkeit

Mein Schwager, gerade mal Anfang sechzig, stand kurz vor seinem Ruhestand. Er und meine Schwester hatten große Pläne, doch all diese Pläne wurden abrupt zunichte gemacht, als er plötzlich durch Herzversagen starb. Dieser unerwartete Verlust war ein Weckruf. Wir leben oft in der Illusion, dass wir noch genug Zeit haben. Doch manchmal endet das Leben, bevor wir die Chance haben, all diese Pläne in die Tat umzusetzen.

Dieser Verlust hat mir gezeigt, dass wir das Leben nicht aufschieben dürfen. Die Zeit, die wir haben, ist kostbar, und niemand von uns weiß, wie lange sie andauern wird. Wir sollten nicht darauf warten, dass irgendwann der perfekte Moment kommt. Der richtige Moment, das Leben zu genießen, ist jetzt.

Manchmal ist der Tod nicht das sanfte Loslassen eines langen Lebens, sondern ein plötzlicher Riss im Gewebe der Realität. Ein unerwarteter Verlust trifft uns mit einer Wucht, für die wir nicht bereit sind.

Ich erinnere mich noch genau an den Moment, als mich das Telefonat meiner Schwester erreichte und ich es erfuhr. Es war, als würde die Zeit für einen Moment stillstehen. Ich verstand ihre Worte, aber mein Verstand weigerte sich, ihre Bedeutung zu begreifen. Wie konnte ein Mensch, mit dem ich noch vor kurzem gesprochen hatte, einfach nicht mehr da sein?

Solche Verluste werfen uns aus der Bahn, weil sie uns brutal daran erinnern, dass das Leben keine Garantie gibt. Wir planen, wir hoffen, wir nehmen an, dass uns noch Jahre oder Jahrzehnte bleiben – aber der Tod hält sich nicht an unsere Pläne.

Nach einem plötzlichen Verlust stellt man sich zwangsläufig Fragen: Habe ich alles gesagt, was ich sagen wollte? Hätte ich mehr Zeit mit dieser Person verbringen sollen? Warum habe ich nicht noch einmal angerufen, als ich die Gelegenheit hatte?

Es ist ein harter, aber wichtiger Gedanke: Wir leben oft so, als hätten wir unendlich viel Zeit. Wir verschieben Gespräche, treffen uns

„irgendwann mal wieder", sagen „später".
Doch es gibt kein „später", nur das Jetzt.

Diese Erkenntnis hat mir gezeigt, dass ich
bewusster leben möchte. Nicht als würde ich
erwarten, dass der Tod jeden Moment
zuschlagen könnte – sondern mit dem Wissen,
dass jeder Tag ein Geschenk ist. Und dass man
Menschen, die man liebt, nicht als
selbstverständlich betrachten sollte.

Kapitel 15: Was wir von Tieren lernen können

Tiere haben Fähigkeiten, die uns Menschen oft
verborgen bleiben. Besonders faszinierend ist
ihre Fähigkeit, Krankheiten zu erschnuppern
oder den nahenden Tod zu spüren. Hunde
können beispielsweise frühzeitig erkennen,
wenn Diabetikern eine Unterzuckerung
bevorsteht. Diese Fähigkeit zeigt, dass Tiere
viel mehr sind als nur Begleiter – sie sind
intuitive Wesen, die uns helfen können, Dinge
zu erkennen, die unsentgehen. Besonders
Katzen und Hunde scheinen eine tiefere

Verbindung zu den Menschen zu haben, mit denen sie zusammenleben. Es gibt zahlreiche Geschichten von Katzen, die sich an die Seite von sterbenden Menschen legen und ihnen in ihren letzten Momenten Gesellschaft leisten. Sie spüren die Veränderung in der Atmosphäre, wenn das Leben zu Ende geht.

Tiere leben im Einklang mit der Natur, und vielleicht ist es dieser Einklang, der ihnen ermöglicht, Dinge zu spüren, die uns verborgen bleiben. Ob es sich um das Erkennen von Krankheiten oder das Spüren von Tod und Veränderung handelt – Tiere lehren uns, dass es viele Dinge zwischen Himmel und Erde gibt, die wir nicht vollständig verstehen. Sie erinnern uns daran, auf unsere Umgebung und auf die subtilen Zeichen zu achten, die uns vielleicht entgehen – Zeichen, die darauf hinweisen, dass der Kreislauf des Lebens sich schließt oder dass etwas Neues beginnt.

Kapitel 16: Der Tod als Neubeginn

Was, wenn der Tod nur der Anfang von etwas
Neuem ist? Viele Religionen und Philosophien
sprechen von einem Neubeginn nach dem Tod,
sei es in Form einer Wiedergeburt, einer Seele,
die weiterlebt, oder in einer anderen
Dimension des Daseins. Der Gedanke, dass
der Tod nicht das endgültige Ende ist, gibt
vielen Menschen Trost.
Es gibt Menschen, die daran glauben, dass sie
nach dem Tod mit ihren geliebten
Verstorbenen wiedervereint werden. Vielleicht
ist der Tod tatsächlich nur eine Tür, die uns zu
einer neuen Realität führt, in der wir auf
diejenigen treffen, die wir im Leben verloren
haben. Diese Vorstellung hat etwas Tröstliches.
Sie lässt uns hoffen, dass das, was nach dem
Tod kommt, uns wieder mit
denen zusammenbringt, die uns im Leben
wichtig waren.

Ich erinnere mich an eine alte Frau, die mir
einmal sagte: "Der Tod ist nur eine Tür.
Dahinter liegt
etwas Wunderschönes, das wir uns nicht
vorstellen können." Diese Worte haben mich
lange beschäftigt. Vielleicht ist das Leben auf

dieser Erde nur ein kleiner Teil einer viel größeren Reise. Und wenn das so ist, dann müssen wir den Tod nicht fürchten. Vielleicht führt er uns zu einer neuen Form von Existenz, die uns mehr Erfüllung bringt, als wir es uns je vorstellen können.

Das Reich der Toten erscheint mir wie eine verborgene Parallelwelt, so nah, dass die Verstorbenen stets an unserer Seite weilen – unsichtbar und unberührbar, doch immer gegenwärtig. Zwischen ihnen und uns liegt ein zarter Schleier, so fein wie der Hauch eines Traumes, den nur wenige Auserwählte zu durchdringen vermögen. Diese Menschen, gesegnet mit einer besonderen Gabe, können das Unausgesprochene spüren und das Unsichtbare erkennen. Für sie ist das Reich der Toten nicht bloß eine Vorstellung, sondern eine andere Realität – sichtbar in flüchtigen Schatten, leisen Stimmen oder einem plötzlichen, unerklärlichen Schauer.

Doch auch wir ohne diese Gabe sind nicht völlig von diesem Reich abgeschnitten. Die Tiere, ausgestattet mit ihrem siebten Sinn, erkennen das, was uns verborgen bleibt. Oft richten sie ihren Blick in eine scheinbare Leere, in Wahrheit jedoch folgen ihre Augen den unsichtbaren Bewegungen von Seelen, die durch Raum und Zeit streifen. Ein Zucken ihres Ohres oder ein neugieriger Blick verrät ihre Verbindung zu dieser anderen Welt – ein Zeichen dafür, dass die Toten nie wirklich fort sind.

Es heißt, dass an Allerheiligen der Schleier dünner wird und die Welten der Lebenden und der Toten einander näherkommen, als ob sie für einen
Moment ineinanderfließen. In dieser Nacht, so erzählen es die alten Geschichten, dürfen die Seelen der Verstorbenen durch unsere Welt wandeln. Vielleicht spüren wir ihre Anwesenheit im kühlen Hauch des Windes oder im fernen, kaum hörbaren Flüstern der Dunkelheit. Sie sind da, nur für einen Augenblick – eine flüchtige Berührung zwischen den Welten, die uns erahnen lässt, dass der Tod vielleicht weniger fern ist, als wir glauben. Wer weiß? Vielleicht genügt es, still zu sein und das Herz zu öffnen, um das Unbegreifliche zu fühlen.

Der Tod ist nicht nur das Ende eines Lebens, sondern für viele auch der Anfang von etwas Neuem. Die Vorstellung eines Weiterlebens nach dem Tod ist tief in fast allen Kulturen verankert.

Doch was bedeutet „Neubeginn" wirklich? Bedeutet es, dass unsere Seele weiter existiert? Dass wir in einer anderen Form zurückkehren? Oder bedeutet es schlicht, dass wir in den Erinnerungen der Menschen weiterleben, die uns kannten?

Ich stelle mir oft vor, dass der Tod nicht das Vergessen bedeutet, sondern eine Transformation. Vielleicht ist es wie eine Reise in ein unbekanntes Land – wir wissen nicht, was uns erwartet, aber es ist kein absolutes Ende.

Viele Religionen und Philosophien sehen den Tod als Übergang. Der Buddhismus spricht von Wiedergeburt, das Christentum von einem Leben nach dem Tod, die Naturwissenschaften von der Erhaltung der Energie, die niemals wirklich verloren geht.

Ich frage mich: Ist es nicht tröstlich, dass wir auf die eine oder andere Weise weiterbestehen? Selbst wenn es nicht in körperlicher Form ist, dann vielleicht als Echo in der Welt, die wir hinterlassen haben?

Jedes Mal, wenn ich an einem windigen Herbsttag durch den Wald gehe und das Rascheln der Blätter höre, stelle ich mir vor, dass die Toten auf ihre Weise immer noch da sind – nicht sichtbar, aber spürbar, in den Dingen, die sie bewegt haben, in den Menschen, die sie berührt haben.

Vielleicht ist genau das der Neubeginn: Nicht ein fest definierter Ort oder Zustand, sondern die Erkenntnis, dass nichts jemals ganz verschwindet.

Kapitel 17: Abschied und Loslassen

Abschiede gehören zum Leben, aber sie fallen nie leicht. Man hängt an den Menschen, Tieren und Momenten, die einem wichtig sind, und das Loslassen erscheint oft unmöglich. Abschied bedeutet nicht nur Verlust, sondern auch Veränderung – und Veränderung weckt in uns oft Unsicherheit und Schmerz. Dennoch ist Loslassen ein notwendiger Teil des Lebens. Es ist der Schritt, der es uns ermöglicht, weiterzugehen, zu heilen und Neues zuzulassen.

Doch was bedeutet es eigentlich, loszulassen? Es bedeutet keineswegs, zu vergessen oder die Bedeutung dessen zu schmälern, was uns lieb und teuer war. Vielmehr geht es darum, anzuerkennen, dass das Leben in Bewegung ist. Nichts bleibt, wie es ist, und manchmal müssen wir Dinge, die wir lieben, gehen lassen, um selbst innerlich wachsen zu können.

Loslassen ist ein aktiver Prozess. Es erfordert Mut, die Realität zu akzeptieren, auch wenn sie schmerzhaft ist. Der Verlust eines geliebten Menschen hinterlässt oft das Gefühl einer Lücke, die niemand füllen kann. Aber genau in dieser Lücke liegt auch die Kraft der Erinnerung. Erinnerungen sind das, was bleibt, wenn jemand physisch nicht mehr da ist. Sie sind der unsichtbare Faden, der uns mit der Vergangenheit verbindet.

Die Philosophie beschreibt Abschiede oft als einen Teil des natürlichen Kreislaufs des Lebens. In diesem Sinne ist der Abschied nicht nur eine Herausforderung, sondern auch eine Einladung, unsere Einstellung zu Verlust und Veränderung zu überdenken.

In anderen Kulturen wird der Abschied als Übergang betrachtet, nicht als Ende. Im Hinduismus beispielsweise glaubt man, dass der Tod nur ein Schritt in einen neuen Zyklus ist, und Abschied nehmen bedeutet, loszulassen, um Platz für Neues zu schaffen. Auch die Natur zeigt uns, dass Abschied und Loslassen Teil eines größeren Prozesses sind. Der Herbst etwa, mit seinen fallenden Blättern, erinnert uns daran, dass nichts für immer bleibt, aber alles seinen Platz in einem größeren Kreislauf hat.

Die Schwierigkeit des Loslassens liegt oft darin, dass wir Angst vor dem Unbekannten haben. Abschiede zwingen uns, aus unserer Komfortzone auszubrechen und uns mit der Frage auseinanderzusetzen, wer wir ohne das sind, was wir verloren haben. Sie bringen uns an den Punkt, an dem wir uns fragen müssen: Was bleibt, wenn nichts mehr bleibt? Die

Antwort liegt in uns selbst – in unserer Fähigkeit, uns zu erinnern, zu lieben und uns anzupassen.

Manchmal sind es nicht nur Menschen oder Tiere, von denen wir Abschied nehmen müssen, sondern auch von Träumen, Lebensabschnitten oder einer alten Version von uns selbst. Solche Abschiede sind oft noch schwerer, weil sie weniger greifbar sind. Doch auch hier gilt: Loslassen bedeutet nicht, das Vergangene auszulöschen, sondern es als Teil unseres Weges zu ehren und uns selbst die Möglichkeit zu geben, weiterzugehen.

Interessant ist, wie unterschiedlich Menschen mit Abschieden umgehen. Manche suchen den Trost in Ritualen, andere versuchen, den Schmerz zu ignorieren. Rituale können dabei helfen, den Abschied bewusst zu gestalten. Das Schreiben eines Briefes an jemanden, den wir verloren haben, das Pflanzen eines Baumes oder das Anzünden einer Kerze können Symbole sein, die das Loslassen erleichtern. Diese kleinen Akte schaffen Raum für Akzeptanz und bringen uns ein Stück näher an den Frieden mit dem, was war.

Manchmal kann ein Abschied uns auch neue Perspektiven schenken. Wenn wir lernen, loszulassen, öffnen wir uns für das, was vor uns liegt. Es gibt Menschen, die nach einem Verlust die Kraft finden, ihr Leben auf eine Weise zu gestalten, die sie zuvor nicht für möglich gehalten hätten. Loslassen kann ein schmerzhafter, aber auch ein transformierender Prozess sein.

Abschied nehmen ist letztlich ein Akt der Liebe. Indem wir loslassen, geben wir dem anderen – sei es ein Mensch, ein Tier oder ein Traum – die Freiheit, zu sein, was er sein soll. Gleichzeitig schenken wir uns selbst die Möglichkeit, in der Gegenwart anzukommen und das Leben mit all seinen Höhen und Tiefen zu umarmen.

Es ist schwer, das Ende zu akzeptieren, aber es ist auch ein Neuanfang. Abschiede erinnern uns daran, dass nichts für immer bleibt – und genau das macht jeden Moment, den wir haben, so wertvoll. Vielleicht ist das die größte Lektion des Lebens: zu lernen, wie man loslässt und trotzdem mit offenen Armen lebt.

Denn wie sage ich immer, nichts und niemand ist für die Ewigkeit gebaut.

Kapitel 18: Eine Geste des Lebens in schwerer Zeit

Während meiner Ausbildungszeit durfte ich eine Weile auf der Palliativstation mitarbeiten. Diese Zeit war nicht nur lehrreich, sondern auch tief prägend. Palliativstationen und Hospize bieten mehr als nur medizinische Versorgung – sie sind Orte, an denen Menschen in ihrer letzten Lebensphase mit Würde, Respekt und Fürsorge begleitet werden. Hier geht es darum, das Leben so lebenswert wie möglich zu gestalten, auch wenn die Tage gezählt sind.

In diesen Einrichtungen habe ich erlebt, wie wichtig eine menschliche und warmherzige Umgebung ist, in der Patient:innen und Angehörige Trost finden können. Viele der Pflegekräfte und Ehrenamtlichen dort leisten weit mehr als ihren Job: Sie schenken ein

Lächeln, ein aufmunterndes Wort oder einfach ihre Zeit. Diese scheinbar kleinen Gesten machen einen enormen Unterschied. Sie können Angst und Einsamkeit lindern, sie können helfen, in Frieden Abschied zu nehmen.

Eine Begegnung aus dieser Zeit hat mich besonders beeindruckt: Herr Meyer. Er stammte aus Essen, war noch nicht sehr alt und zeichnete sich durch einen unerschütterlichen Willen und eine bemerkenswerte Lebensfreude aus. Obwohl er schwer krank war, fand er jede Woche die Kraft, für die gesamte Station Reibekuchen zu backen. Reibekuchen waren seine Leibspeise, und diese Tradition lag ihm so sehr am Herzen, dass er sie trotz seiner gesundheitlichen Einschränkungen fortsetzte.

Diese Geste hatte weitreichende Auswirkungen. Die frischen Reibekuchen, der Duft, der durch die Station zog, und der Moment des Zusammenseins brachten die Menschen zusammen. Patient:innen, Angehörige und Mitarbeitende saßen gemeinsam am Tisch, lachten, sprachen und genossen den Augenblick. Es war ein Moment der Normalität, der Gemeinschaft und des

Lebens. Für kurze Zeit rückten Krankheit und Tod in den Hintergrund, und das Menschliche, das Verbindende, trat in den Vordergrund.

Solche Stationen und Hospize zeigen, wie wichtig es ist, auch am Lebensende nicht nur medizinische Hilfe, sondern auch emotionale und zwischenmenschliche Unterstützung anzubieten. Sie schaffen Räume, in denen man nicht allein ist, in denen Ängste geteilt und Trost gefunden werden können. Herr Meyers Geschichte steht exemplarisch für die besonderen Momente, die an solchen Orten entstehen können – Momente, die tief berühren und nachwirken.

Kapitel 19: Der Verlust des besten Freundes

Einen besten Freund zu verlieren, ist, als ob ein Teil von einem selbst verloren geht. Er war nicht einfach nur ein Freund, er war ein fester Bestandteil unseres Lebens. Sein Tod hat nicht nur eine Lücke hinterlassen – es ist, als hätte sich eine Wunde aufgetan, die nie ganz heilen wird.

Es sind nun zwei Jahre vergangen, aber manchmal fühlt es sich an, als wäre es erst gestern gewesen, dass wir gemeinsam auf der Skipiste standen, lachten und das Leben genossen haben.

Ralf war der Mensch, den man immer an seiner Seite wusste. Er hatte diese unglaubliche Gabe, jeden Moment mit seiner Lebensfreude zu füllen. Sei es auf der Skipiste, wo seine grüne Jacke und seine leuchtenden gelben Hosen uns vorausfuhren, oder beim Karneval, wo er mit seiner Ulli an seiner Seite die fünfte Jahreszeit so feierte, wie nur er es konnte – mit ganzem Herzen und voller Energie. Er war derjenige, der uns zusammenhielt, ohne dass er es bewusst tun musste. Es war einfach seine Art.

Sein Tod hat uns alle getroffen – seine Familie, seine Freunde, seine geliebte Ulli, und uns. Wir mussten lernen, mit einer Leere umzugehen, die niemand füllen kann. Es gibt keine Möglichkeit, sich auf einen solchen Verlust vorzubereiten. Es passiert, und plötzlich ist alles anders. Der Alltag geht weiter, die Zeit vergeht, aber die Erinnerung an ihn bleibt so lebendig, dass es fast schmerzt.

Was den Verlust so schwer macht, ist die Art, wie er das Leben liebte. Er war jemand, der niemals halb lebte. Er hat es ausgekostet, in vollen Zügen, ob auf der Piste, beim Karneval oder bei einem gemeinsamen Abend mit Freunden oder seinen Paten. Ihn zu verlieren, hat uns daran erinnert, wie kurz und zerbrechlich das Leben ist – und wie wichtig es ist, die Momente, die wir haben, zu schätzen.

Doch in der Trauer liegt auch etwas Tröstendes. Denn obwohl Ralf nicht mehr bei uns ist, bleibt er ein Teil von uns. In den Erinnerungen an ihn – an seine Witze, sein Lachen, die grünen Jacke, die uns auf der Skipiste immer geführt hat – lebt er weiter. Und vielleicht, nur vielleicht, ist das die Art, wie wir mit einem solchen Verlust umgehen können: indem wir die Erinnerung an ihn ehren und das Leben so feiern, wie er es getan hätte.

Ralf hat uns gezeigt, wie man das Leben liebt & lebt, wie man die kleinen und großen Momente schätzt und wie man anderen ein Licht sein kann. Sein Verlust ist eine Erinnerung daran, dass wir unsere Zeit mit den Menschen, die uns wichtig sind, nicht aufschieben dürfen. Dass wir leben müssen, jetzt, heute – für ihn und für uns selbst.

Wir vermissen dich, Ralf. Jeden Tag. Aber in unseren Herzen bist du immer noch da – in der grünen Jacke, irgendwo auf der Piste, vorausfahrend und mit einem Lächeln auf den Lippen, das sagt: „Kommt, Leute, das Leben wartet und das Bitburger"

Einen besten Freund zu verlieren, ist etwas, das man nicht in Worte fassen kann. Es ist, als würde ein Teil von einem selbst verschwinden – eine Konstante im Leben, die plötzlich fehlt. Ich erinnere mich noch genau an die gemeinsamen Erlebnisse, an die unzähligen Momente des Lachens, der Gespräche, der Stille, die nicht unangenehm war, sondern von tiefem Verständnis zeugte. Ein Freund ist mehr als nur jemand, mit dem man Zeit verbringt – er ist ein Spiegel, in dem man sich selbst erkennt.

Wenn der Tod diesen Spiegel zerbricht, bleibt nur noch das, was in einem selbst von ihm weiterlebt. Die Erinnerungen, die Gesten, manchmal ein Satz, den man im Kopf immer wieder hört.

Aber das Schwerste am Verlust eines besten Freundes ist nicht die Abwesenheit, sondern die Unmöglichkeit, neue Erinnerungen zu schaffen. Man lebt weiter, verändert sich, erlebt Dinge – aber der Mensch, der all das mit einem geteilt hätte, ist nicht mehr da.

Manchmal ertappe ich mich dabei, dass ich mir vorstelle, was er gesagt hätte, wie er reagiert hätte. Als würde er noch immer irgendwo existieren, nur nicht mehr sichtbar. Vielleicht ist das eine Form von Trost – der Gedanke, dass wahre Freundschaft nicht mit dem Tod endet, sondern sich nur in eine andere, stillere Form verwandelt.

Kapitel 20: Der Tod als Schlüssel zum Lebenssinn

Medizinisch wird der Tod als der irreversible Verlust aller Vitalfunktionen des Körpers definiert – ein scheinbar klarer Moment des Endes. Doch der Fortschritt in der Medizin hat die Grenzen des Lebens verschoben. Der Tod ist längst kein einheitlicher Zustand mehr. Mit technischen Mitteln kann das Leben hinausgezögert werden, manchmal über die natürliche Grenze hinaus. Doch diese Verlängerung des Lebens wirft wichtige ethische und philosophische Fragen auf: Wie viel Leben steckt noch im Leben, wenn die Lebensqualität schwindet? Und wann ist der Tod eine Erlösung?

Der Tod ist mehr als ein biologisches Ereignis. Er ist ein Symbol für die Begrenztheit unserer Existenz und ein Spiegel für unser Verständnis vom Leben. In vielen Kulturen wird der Tod nicht nur als Ende, sondern auch als Übergang betrachtet. Besonders im Buddhismus gilt er als Teil des ewigen Kreislaufs von Geburt, Tod und Wiedergeburt – ein Tor zu einem neuen Leben. Diese Sichtweise kann uns lehren, den

Tod nicht als Feind zu betrachten, sondern als Lehrer, der uns zeigt, was wirklich wichtig ist: die bewusste Wahrnehmung des Augenblicks.

Doch in der westlichen Welt dominiert eine andere Haltung. Hier sehen wir den Tod oft als Versagen an – als Niederlage der Medizin oder als Scheitern unseres Willens, das Leben zu bewahren. Wir bauen Apparate, schaffen Medikamente und führen immer neue Eingriffe durch, um den Tod hinauszuzögern. Aber wohin führt uns diese Flucht vor der Endlichkeit? Die Frage ist nicht nur medizinisch, sondern auch moralisch: Wann endet die Pflicht, Leben zu erhalten, und wann beginnt das Recht auf ein würdevolles Sterben?

Doch der Tod hat auch eine soziale Dimension. Er zeigt uns, wie untrennbar wir mit anderen verbunden sind. Beim Abschiednehmen erkennen wir oft, wie wertvoll Beziehungen sind – und wie viel unausgesprochen bleibt, wenn wir glauben, "es sei noch Zeit." Der Tod fordert uns heraus, nicht nur das Leben selbst, sondern auch die Menschen um uns herum mehr zu schätzen.

Eine besonders spannende Theorie ist die Vorstellung vom "guten Tod." Während der Begriff in der Antike vor allem den heldenhaften Tod im Kampf meinte, wird er heute oft mit Autonomie und Würde in Verbindung gebracht. Doch was bedeutet ein guter Tod? Ist es der Tod im Schlaf, friedlich und ohne Leiden? Oder ist es der Tod, der nach einem erfüllten Leben kommt, wenn wir spüren, dass es "genug" ist?

Vielleicht ist der Tod das, was wir daraus machen. Für einige ist er ein Übergang in eine andere Dimension, für andere das endgültige Ende. Doch in jedem Fall ist er ein Spiegel, der uns zeigt, wie wir unser Leben leben. Wer den Tod verdrängt, läuft Gefahr, auch das Leben zu verpassen. Wer ihn jedoch als Teil des Lebens akzeptiert, kann die Schönheit des Augenblicks entdecken.

Der Tod ist der ultimative Lehrer. Er erinnert uns daran, dass wir endlich sind, aber gerade deshalb von unendlichem Wert. Er fordert uns auf, keine Zeit zu verschwenden und uns dem zuzuwenden, was wirklich zählt: Liebe, Mitgefühl, Kreativität und die Freude am Sein. Vielleicht ist es genau diese Perspektive, die uns den Mut gibt, das Leben zu feiern – nicht trotz, sondern wegen seiner Endlichkeit.

Am Ende ist der Tod keine Frage des "Wann", sondern des "Wie". Werden wir ihn als Feind sehen, gegen den wir ankämpfen? Oder als Wegbegleiter, der uns zu einem tieferen Verständnis von Leben und Sinn führt? Diese Entscheidung liegt bei jedem von uns.

Es gibt eine seltsame Ironie im Leben: Gerade der Tod, den wir so fürchten, gibt unserem Dasein erst Bedeutung.

Stell dir wie schon gesagt nochmal vor, wir wären unsterblich. Kein Ende, keine Deadline, keine Dringlichkeit. Würden wir unser Leben dann genauso schätzen? Würden wir noch die kleinen Momente wahrnehmen, die uns wirklich glücklich machen, mit Sicherheit nicht.

Ich glaube, der Tod ist unser größter Lehrer. Er zwingt uns, die Zeit, die wir haben, bewusst zu nutzen. Er erinnert uns daran, dass jeder Tag zählt, dass jeder Moment einzigartig ist, weil er nicht wiederkehrt.

Vielleicht liegt das Geheimnis eines erfüllten Lebens genau darin: den Tod nicht als Feind zu sehen, sondern als stillen Begleiter, der uns lehrt, wie wertvoll das Leben ist.

Ich habe oft über die Frage nachgedacht und sie wiederholt sich auch ständig aber was ist der Sinn des Lebens. Ist es Glück? Liebe? Erfolg? Aber je mehr ich mich mit dem Tod beschäftige, desto klarer wird mir: Der Sinn liegt nicht in einer einzigen Antwort, sondern in der Art und Weise, wie wir unsere Zeit nutzen.

Es ist nicht entscheidend, wie lange wir leben, sondern wie bewusst wir es tun.

Kapitel 21: Die Trauer – Ein Weg der Heilung

Dann kommt die Trauer, sie ist ein tiefes, menschliches Gefühl, das uns unweigerlich begegnet, wenn wir jemanden verlieren, den wir geliebt haben. Sie ist schmerzhaft und oft schwer auszuhalten, aber sie ist auch ein notwendiger Teil des Abschiedsprozesses. In der Trauer zeigt sich die Tiefe unserer Liebe und Verbundenheit, die über den Tod hinaus fortbesteht. Jeder Mensch trauert auf seine eigene Weise – es gibt kein Richtig oder Falsch. Für manche ist es ein leiser Schmerz, der nie ganz verschwindet, für andere ein Sturm, der alles aufwühlt und zerstört, bevor er sich langsam legt.

Trauer zeigt uns, wie sehr der Mensch, den wir verloren haben, Teil unseres Lebens war. Sie lässt uns erkennen, wie bedeutungsvoll jeder Moment, jede gemeinsame Erfahrung, jedes Lachen und jedes Gespräch war. Der Tod mag das Ende des physischen Daseins sein, aber die Trauer beweist, dass unsere Bindung und die Erinnerungen weiterleben. In gewisser Weise ist die Trauer ein Zeugnis unserer Liebe.

Oft wird gesagt, dass die Zeit alle Wunden heilt. Doch ich glaube, die Zeit lehrt uns vielmehr, mit der Trauer zu leben, als dass sie uns heilt. Mit der Zeit lernen wir, den Verlust zu akzeptieren, aber das bedeutet nicht, dass der Schmerz verschwindet. Die Trauer verändert sich – sie wird stiller, leiser, vielleicht sogar weniger intensiv, doch sie bleibt ein Teil von uns. Es ist, als ob die Trauer langsam in uns einzieht, sich niederlässt und ein Teil unseres Alltags wird

Trauer ist auch ein Prozess des los lassens. Sie zwingt uns, uns von unseren Erwartungen und Plänen zu verabschieden, uns von dem Menschen zu verabschieden, der nun nicht mehr Teil unseres physischen Lebens ist. Aber das Loslassen bedeutet nicht, zu vergessen. Im Gegenteil: Die Erinnerung wird zu einem Schatz, den wir für immer bewahren.

Ich habe gelernt, dass es wichtig ist, der Trauer Raum zu geben. Viele Menschen versuchen, ihren Schmerz zu unterdrücken, doch das macht ihn nur größer und schwerer zu ertragen. Trauer ist wie eine Welle – sie kommt und geht, manchmal ist sie sanft, manchmal überwältigend. Doch jedes Mal, wenn die Welle wieder abebbt, wird der Schmerz ein wenig leichter.

Es ist auch die Trauer, die uns zeigt, wie vergänglich das Leben ist. Sie erinnert uns daran, das Leben zu schätzen und den Augenblick zu leben. Trauer ist der Preis, den wir für die Liebe zahlen. Denn jede Träne, die wir vergießen, ist ein Beweis für die Tiefe unserer Liebe und das Leben, das wir mit dem Verstorbenen geteilt haben.

Am Ende der Trauer liegt die Erkenntnis, dass der Tod das Ende eines Lebens ist, aber nicht das Ende der Liebe. Unsere Erinnerungen, unsere Verbundenheit und unsere Liebe überdauern den Tod. Die Trauer verwandelt sich irgendwann in eine stille Erinnerung, in einen liebevollen Blick zurück auf das, was wir hatten, und in Dankbarkeit für die gemeinsame Zeit.

Trauer ist eine tief empfundene, oft schmerzvolle Emotion, die uns zwingt, innezuhalten und den Verlust eines geliebten Menschen zu begreifen. Doch genauso, wie Trauer wichtig ist, um Abschied zu nehmen, so gehört auch das Loslassen zum Leben dazu. Für mich ist es nicht leicht zu verstehen, warum manche Menschen nach vielen Jahren, manchmal sogar Jahrzehnten, noch immer so stark in der Trauer gefangen sind, dass sie den Verlust nicht loslassen können. Es ist, als wäre ihr Leben an diesem Punkt stehengeblieben, als wäre ein Teil von ihnen noch immer gebunden an etwas, das sie längst hätte befreien können.

Trauer hat für jeden Menschen einen anderen Ausdruck, und es gibt sicher keine Regeln, wie lange sie dauern darf oder soll. Doch für mich fühlt es sich wichtig an, dass wir irgendwann bereit sind, loszulassen – nicht, weil wir die Verstorbenen vergessen wollen, sondern weil wir ihnen und uns selbst damit vielleicht auch Frieden schenken können. Trauer ist ein Teil des Lebens, doch sie sollte nicht unser ganzes Leben bestimmen. Ich glaube, dass wir unseren Verstorbenen am meisten Ehre erweisen, wenn wir uns nach einer Zeit des Abschieds wieder dem Leben zuwenden und in ihren Erinnerungen die Freude, die Liebe und die gemeinsamen Momente bewahren.

Ich habe erlebt, dass Loslassen kein Vergessen ist. Es bedeutet, die Erinnerungen in uns lebendig zu halten, aber auf eine Weise, die uns stärkt, statt uns zu belasten. Manchmal denke ich, dass das Festhalten an der Trauer für manche Menschen wie ein Schutzschild ist – ein Weg, um die Verbindung zu den Verstorbenen nicht zu verlieren. Doch diese Verbindung bleibt bestehen, auch wenn wir loslassen. Sie wird zu einer stillen Kraft in uns, die uns durch das Leben begleitet, ohne uns festzuhalten.

Vielleicht ist das Loslassen eine Art, dem Leben und dem Tod mit Dankbarkeit zu begegnen. Loslassen bedeutet, die tiefe Verbundenheit zu spüren und gleichzeitig Raum für neue Erfahrungen und Begegnungen zu schaffen. Es bedeutet, den geliebten Menschen nicht im Schmerz der Vergangenheit, sondern in der Kraft der Erinnerungen zu tragen.

Jeder von uns muss seinen eigenen Weg finden, um mit Verlusten umzugehen. Ich glaube jedoch daran, dass das Leben weitergeht und dass das Loslassen Teil unseres eigenen Lebensweges ist. Loszulassen heißt nicht, den Verstorbenen weniger zu lieben, sondern den Raum zu finden, in dem die Liebe friedlich weiterleben kann – in uns, als Teil unserer Erinnerung und als Kraft, die uns vorantreibt.

Trauer ist eine seltsame Begleiterin. Sie kommt, wann sie will, und sie geht nicht, wenn wir es verlangen. Sie verändert sich mit der Zeit, aber sie bleibt – als leise Erinnerung, als Schatten, der uns begleitet.

Ich habe oft darüber nachgedacht, warum Trauer so unterschiedlich erlebt wird. Manche Menschen vergraben sich in ihr, andere versuchen, sie zu vermeiden. Aber eines haben alle gemeinsam: Trauer ist ein Zeichen dafür, dass jemand wichtig war.

Ich glaube, dass wir lernen müssen, die Trauer nicht als Feind zu sehen. Sie ist nicht da, um uns zu zerstören, sondern um uns zu zeigen, was Liebe bedeutet. Wir trauern nicht um Menschen, die uns egal waren – wir trauern um diejenigen, die unser Leben bereichert haben.

Aber Trauer kann auch lähmend sein, wenn wir sie nicht loslassen. Ich habe Menschen gesehen, die nach Jahrzehnten noch immer in der Vergangenheit gefangen waren, unfähig, das Leben weiterzuleben. Leider gibt es dieses Phänomen sehr häufig in unserer Gesellschaft, vielleicht hat dies auch mit der sozialen Vereinsamung zutun.

Es gibt eine feine Grenze zwischen Erinnern und Festhalten. Erinnern bedeutet, einen Menschen in Ehren zu halten, ihn als Teil der eigenen Geschichte zu bewahren. Festhalten bedeutet, sich selbst in einem Moment einzufrieren, der nicht mehr existiert.

Ich glaube, dass wahre Heilung dann beginnt, wenn wir erkennen, dass Loslassen nicht bedeutet, dass wir vergessen. Es bedeutet, dass wir den Verstorbenen einen Platz in unserem Herzen geben – aber uns selbst erlauben, weiterzugehen.

Trauer ist kein gerader Weg. Sie kommt in Wellen, mal heftig, mal sanft. Aber am Ende führt sie uns an einen Punkt, an dem wir sagen können: „Es war schön, dass du da warst."

Kapitel 22: Der Tod als Geschäft

Wenn ein geliebter Mensch stirbt, stehen die Angehörigen vor einer Vielzahl von Aufgaben. Es muss ein Sarg ausgewählt werden, eine Trauerfeier organisiert, Blumen bestellt, Trauerkarten verschickt und letztlich die Beisetzung durchgeführt werden. All diese Dinge können die Hinterbliebenen in einer ohnehin schweren Zeit stark belasten. Doch dafür gibt es eine Vielzahl an Dienstleistern, die diese Aufgaben übernehmen und die Angehörigen in der Zeit der Trauer unterstützen. Dies hat jedoch auch dazu geführt, dass der Tod zu einem großen Geschäft geworden ist.

Die Bestattungsbranche hat sich über die Jahre immer weiterentwickelt. Neben der klassischen Beerdigung mit Sarg und Grab auf dem Friedhof gibt es inzwischen viele Alternativen:
Feuerbestattungen, Seebestattungen, Waldbestattungen oder auch sehr spezielle Formen, wie das Umwandeln der Asche in Schmuckstücke oder das Verstreuen der Asche in den Bergen. Jede dieser Optionen ist mit

eigenen Dienstleistungen und Produkten verbunden. Die Trauerfeier kann individuell gestaltet werden, mit ausgewählter Musik, besonderen Reden oder sogar Livestreams für Angehörige, die nicht vor Ort sein können.

Ein weiterer großer Bereich ist die sogenannte Bestattungsvorsorge. Viele Menschen möchten schon zu Lebzeiten festlegen, wie ihre Beerdigung ablaufen soll, und sorgen finanziell vor, um ihren Angehörigen nach ihrem Tod keine zusätzliche Last aufzubürden. Hier gibt es spezialisierte Anbieter, die sich darum kümmern, alle Wünsche des Verstorbenen umzusetzen. Das beginnt bei der Wahl des Bestatters, des Grabes und der Grabpflege und reicht bis hin zu detaillierten Anweisungen zur Musik und Dekoration der Trauerfeier.

Das Geschäft mit der Bestattungsvorsorge ist in den letzten Jahren stark gewachsen. Sterbegeldversicherungen und Vorsorgeverträge sind zu einem festen Bestandteil der Branche geworden. Sie geben den Menschen ein Gefühl von Sicherheit, sind aber auch ein weiteres Element in der wachsenden Industrie rund um den Tod

Das Geschäft mit dem Tod ruft auch Kritik hervor. Viele Menschen empfinden es als unangemessen, dass aus einem so sensiblen Thema Profit geschlagen wird. Besonders in einem emotionalen Ausnahmezustand können Angehörige leicht dazu verleitet werden, mehr Geld auszugeben, als sie sich leisten können. Ein aufwendiger Sarg, besonders viele Blumen oder eine umfangreiche Trauerfeier – all das kann schnell sehr teuer werden.

In einigen Ländern gibt es Bemühungen, mehr Transparenz in die Branche zu bringen und den Verbraucherschutz zu stärken. Die Frage ist: Wie viel sollte eine würdevolle Beerdigung kosten? Ist es fair, dass Menschen sich in einer so schwierigen Zeit mit hohen Rechnungen und möglicherweise unseriösen Angeboten auseinandersetzen müssen?

Mit der Zeit hat sich auch die Art und Weise verändert, wie Menschen über den Tod nachdenken. Früher waren Beerdigungen stark religiös geprägt und folgten festen Traditionen. Heute legen immer mehr Menschen Wert auf individuelle und kreative Abschiede. Manche möchten unter einem Baum in einem Friedwald bestattet werden, andere bevorzugen eine Trauerfeier in einem besonderen Ambiente, das ihre Persönlichkeit widerspiegelt. Diese Wünsche haben dazu geführt, dass die Branche immer neue Dienstleistungen entwickelt.

Sogar digitale Lösungen spielen mittlerweile eine Rolle. Gedenkseiten im Internet, QR-Codes auf Grabsteinen, die auf Lebensgeschichten verweisen, oder digitale Trauerkarten sind keine Seltenheit mehr. Sie bieten neue Möglichkeiten des Gedenkens und der Erinnerung, tragen aber auch dazu bei, dass die Kosten weiter steigen.

Der Tod ist zu einem Geschäft geworden, weil die Menschen nach individuellen, würdevollen Abschieden suchen. Es gibt viele Anbieter, die diesen Wunsch erfüllen und die Trauernden unterstützen. Gleichzeitig werfen die hohen Kosten und die Kommerzialisierung des Abschieds aber auch Fragen auf. Letztlich geht es darum, eine Balance zu finden: Wie kann man einem Verstorbenen den würdigen Abschied ermöglichen, den er verdient, ohne dass daraus eine finanzielle Belastung für die Hinterbliebenen wird? Denn so hilfreich viele der Dienstleistungen auch sein können – am Ende zählt vor allem die Erinnerung an den Menschen, der gegangen ist. Und diese Erinnerung sollte nicht von hohen Kosten und finanziellen Sorgen überschattet werden.

Kapitel 23: Leben & Sterben im Einklang mit der Natur

Das Leben und die Natur sind untrennbar miteinander verbunden. Alles, was lebt, ist Teil eines größeren Kreislaufs – Pflanzen, Tiere und auch wir Menschen.
Doch in unserer modernen Welt haben wir uns oft von diesem Kreislauf entfernt. Wir nutzen Ressourcen, ohne an ihre Endlichkeit zu denken, und hinterlassen Spuren, die weit über unsere Lebenszeit hinausreichen. Doch was,

wenn wir unser Leben bewusster gestalten –
und auch unseren Tod?

Unser Leben beeinflusst die Welt um uns
herum. Jede Entscheidung – wie wir
konsumieren, reisen und wohnen – hinterlässt
einen Fußabdruck. Der Tod erinnert uns daran,
dass wir Teil eines größeren Ganzen sind.
Wenn wir lernen, bewusster zu leben, können
wir nicht nur unsere eigene Lebensqualität
verbessern, sondern auch die Welt für
zukünftige Generationen erhalten.

Ein nachhaltiger Lebensstil bedeutet nicht
Verzicht, sondern bewusste Wahl. Weniger
Plastik, mehr lokale Produkte, weniger
Konsum – das sind kleine Schritte, die Großes
bewirken können. Besonders in der Natur
finde ich selbst oft Frieden und Inspiration.
Die Ruhe eines Waldes oder der Blick in einen
klaren Nachthimmel erinnert daran, wie
kostbar unsere Umwelt ist.

In vielen Kulturen wird der Tod als Rückkehr
zur Natur betrachtet. Unsere Körper zerfallen
und werden wieder Teil des Kreislaufs, aus
dem neues Leben entsteht. Doch moderne
Bestattungspraktiken haben diesen natürlichen

Prozess oft gestört. Einbalsamierungen, Betonkammern und versiegelte Särge verhindern die Rückkehr unserer Körper in die Erde.

In den letzten Jahren sind jedoch neue, umweltfreundliche Bestattungsmethoden entstanden, die uns erlauben, auch im Tod etwas Gutes für die Natur zu tun:

- Natürliche Begräbnisse: In Deutschland und anderen Ländern gibt es inzwischen Friedwälder, wo Verstorbene ohne Sarg oder mit biologisch abbaubaren Materialien beigesetzt werden. Dort wird die Asche oder der Körper direkt in die Erde gegeben, wodurch die natürlichen Kreisläufe gefördert werden.

- Baumbestattungen: Die Idee, durch den eigenen Tod einen Baum wachsen zu lassen, verbindet die Vergänglichkeit mit neuem Leben. Manche Unternehmen bieten biologisch abbaubare Urnen an, die mit einem Baumsamen versehen sind und zur Basis eines neuen Lebens werden.

- Resomation (alkalische Hydrolyse): Diese neue Technik löst den Körper durch einen chemischen Prozess auf, wobei nur natürliche Stoffe übrig bleiben, die in die Umwelt zurückgeführt werden können. Sie ist eine umweltfreundlichere Alternative zur Feuerbestattung.

•   Diamantbestattung: Aus der Asche Verstorbener wird ein Diamant geschaffen, der nicht nur ein Erinnerungsstück ist, sondern auch symbolisch zeigt, wie aus dem Tod etwas Neues entsteht.

Der Kreislauf der Natur zeigt uns, dass jedes Ende ein neuer Anfang ist. Die Blätter, die im Herbst fallen, werden im Frühling zur Nahrung für neue Pflanzen. Tiere sterben, und ihre Überreste fördern das Wachstum anderer Lebensformen. Der Mensch, als Teil dieser Natur, sollte sich nicht von diesem Kreislauf abkoppeln.

Indem wir umweltfreundlich leben und sterben, kehren wir zu diesem natürlichen Fluss zurück. Der Gedanke, dass unser Körper nach dem Tod den Boden nährt und neues Leben ermöglicht, hat für mich etwas Tröstliches. Es erinnert uns daran, dass wir nie wirklich getrennt sind von der Welt um uns herum.

Unser Tod ist nicht nur ein Abschied, sondern auch eine Chance, etwas zurückzugeben. Wir haben die Möglichkeit, unsere Beerdigungen so zu gestalten, dass sie nicht nur unser Leben ehren, sondern auch die Welt, in der wir gelebt haben. Nachhaltigkeit im Tod ist eine Art letzter Dank an die Erde, die uns getragen hat.

Kapitel 24: Die Stille zwischen den Momenten und das Leben – Ein Wimpernschlag der Ewigkeit

Manchmal denke ich, dass wir im Leben die Stille nicht richtig zu schätzen wissen. Diese Momente, in denen alles zur Ruhe kommt – sie sind wie kleine Atempausen des Daseins. Wir Menschen sind so sehr darauf fixiert, vorwärts zu drängen, Dinge zu erreichen, Pläne zu schmieden, dass wir oft die Leere zwischen den Tönen übersehen, das, was nicht gesagt wird, die Pausen zwischen den Gedanken. Das erlebe ich in der Praxis täglich, wo es hektisch genug ist.
Ich habe oft in der Stille gesessen – sei es in einem stillen Raum, in der Natur oder in den

Augenblicken, in denen ich nach dem Verlust eines geliebten Menschen innehalten musste. Diese Stille ist nicht einfach nur ein Fehlen von Geräuschen. Sie hat Gewicht. Sie ist präsent, als würde sie mir leise zuflüstern, dass das Leben und der Tod viel enger miteinander verbunden sind, als wir glauben.

Die Stille kann beängstigend sein, ja. Sie stellt uns Fragen, die wir vielleicht nicht hören wollen. Hast du genug geliebt? Hast du genug gelebt? Nutzt du deine Zeit so, wie du es wirklich willst? Aber sie kann auch tröstend sein. Sie erinnert uns daran, dass nicht alles sofort beantwortet werden muss, dass das Leben nicht in Eile gelebt werden muss. Sie gibt Raum für das, was wirklich wichtig ist – für uns selbst, für die Menschen, die uns nahe stehen, und für die kleinen Momente, die das Leben lebenswert machen.

Wenn ich nachts den Sternenhimmel betrachte, spüre ich diese Stille am deutlichsten. Die Weite des Universums, die Unendlichkeit, in der unser kleines Leben nur ein Wimpernschlag ist – und doch fühlt es sich nicht bedeutungslos an. Im Gegenteil: Gerade weil alles vergänglich ist, wird es wertvoll. Wir messen unser Dasein in Jahren, in Erfolgen, in Dingen, die wir erreicht oder besessen haben. Wir jagen einem Gefühl von Sicherheit hinterher, als könnten wir die Zeit damit aufhalten. Doch was bleibt wirklich? Jeder neue Tag ist ein Geschenk, das keine Garantie auf Wiederholung hat. Und doch leben viele Menschen, als wären sie unsterblich.

Was bedeutet es wirklich, zu leben? Leben ist nicht nur Atmen, nicht nur Funktionieren, nicht nur das Erfüllen von Erwartungen. Es ist ein unaufhaltsamer Strom, der sich seinen Weg bahnt, unbeeindruckt von unseren Plänen und Wünschen. Wir können versuchen, ihn zu lenken, doch letztendlich trägt er uns – und irgendwann löst er sich auf im Meer des Vergangenen.

Wir klammern uns an Dinge, an Menschen, an Erinnerungen, als könnten wir sie vor dem Vergessen bewahren. Doch alles vergeht. Alles.

Vielleicht ist die Stille genau das, was uns fehlt, um den Tod nicht als Schrecken, sondern als Teil des Ganzen zu begreifen. Wenn wir still genug sind, hören wir vielleicht, dass der Tod gar keine Endstation ist – sondern nur eine andere Frequenz, die wir mit unseren Sinnen nicht mehr wahrnehmen können.

Vielleicht besteht der Sinn nicht darin, das Leben zu verlängern, sondern es zu vertiefen. Nicht in der Angst vor dem Ende, sondern in der Kunst, jeden Moment zu genießen. Denn eines ist sicher: Der Tod wartet nicht.

Er kommt, ob wir bereit sind oder nicht. Und wenn er kommt, fragt er nicht nach versäumten Chancen, nach verlorener Zeit oder nach den Dingen, die wir hätten tun wollen. Er ist einfach da. Und dann bleibt nur das, was wir bis zu diesem Moment waren. Es ist nicht entscheidend, wie lange wir leben, sondern wie bewusst wir es tun. Jeder Moment, den wir verpassen, kommt nicht zurück. Das ist kein Grund zur Angst. Es ist ein Grund, bewusst zu leben. Die Vergänglichkeit gibt dem Leben erst seinen Wert. Vielleicht ist es gerade der unausweichliche Tod, der uns lehrt, wie intensiv wir unser Dasein wahrnehmen sollten.

Kapitel 25: Fazit – Der Tod ist kein Ende

Am Ende dieses Buches bleibt für mich die Erkenntnis, dass der Tod kein Ende ist. Er ist ein Teil des großen Ganzen, ein Schritt, der für jeden unvermeidlich ist. Doch anstatt ihn zu fürchten, sollten wir ihn als das begreifen, was er ist – der letzte Schritt auf unserem Weg, der uns nicht in Dunkelheit, sondern in Licht und Stille führt.

Fürchte den Tod nicht, denn er ist nur der letzte Schritt auf dem Weg des Lebens. Er führt uns in eine Stille, die nicht das Ende, sondern einen Neubeginn darstellt. Es ist wie das Auslaufen eines Flusses ins Meer – der Fluss endet nicht, er wird Teil von etwas Größerem. So ist auch der Tod. Wir lösen uns von dieser Welt und tauchen ein in das Unbekannte, in etwas, das größer ist als das, was wir mit unseren Sinnen erfassen können.

Wenn wir den Tod als Teil des Lebens akzeptieren, können wir das Leben viel bewusster und intensiver erleben. Wir können lernen, die Dinge, die uns wichtig sind, zu schätzen und loszulassen, was uns beschwert. Der Tod zeigt uns, dass nichts ewig währt, aber gerade das macht das Leben so wertvoll. Am Ende ist es nicht der Tod, vor dem wir uns fürchten sollten, sondern die Möglichkeit, das Leben nicht voll und ganz gelebt zu haben.

Wenn ich über den Tod nachdenke, auch wenn
ich mich ständig wiederhole, komme ich
immer wieder zu einem Punkt zurück:

Er ist nicht das Ende.

Zumindest nicht im Sinne einer absoluten,
endgültigen Leere.

Wir alle hinterlassen Spuren – in
Erinnerungen, in den Menschen, die wir
geliebt haben, in der Natur, die uns aufnimmt
oder in den Büchern die wir schreiben.

Auch immer wieder dieselbe Frage, Was bleibt
von uns?

Ich habe oft darüber nachgedacht, was ich
hinterlassen werde. Und die Antwort ist immer
dieselbe:

Es spielt keine Rolle, wie lange wir leben.
Entscheidend ist, wie wir leben.

Was bedeutet es, gut zu leben?

- Bewusst zu sein. Jeden Tag als Geschenk zu betrachten.
- Nichts aufzuschieben, was uns am Herzen liegt.
- Menschen um uns zu haben, die uns guttun – und uns von denen zu lösen, die uns schaden (ganz wichtig).
- Die Angst vor dem Unbekannten zu akzeptieren, anstatt gegen sie anzukämpfen.

An alle die ich noch nicht ganz überzeugen konnte: Ich glaube, der Tod lehrt uns vor allem eines:

- Das Leben ist kostbar -

Nicht, weil es unendlich ist – sondern gerade weil es endlich ist.

Die Menschen, die wir lieben, werden nicht für immer da sein.
Die Möglichkeiten, die wir haben, sind nicht unendlich.

Jeder Moment, den wir verpassen, kommt nicht zurück.Das ist kein Grund zur Angst. Es ist ein Grund, bewusst zu leben.

Am Ende zählt nicht, wie viele Jahre wir hatten, sondern wie viele bewusste Momente wir erlebt haben.

Und wenn es soweit ist, wenn wir irgendwann die letzte Tür durchschreiten – dann hoffe ich, dass wir nicht mit Angst zurückblicken, sondern mit Dankbarkeit.

Mein persönlicher Schlussgedanke:

Am Ende komm ich immer wieder zur gleichen Erkenntnis, der Tod bleibt ein Teil des Lebens, so wie jede Jahreszeit ihren festen Platz im Kreislauf hat. Ich habe gelernt, dass es nicht darum geht, den Tod zu fürchten, sondern das Leben zu schätzen. Wir wissen nicht, was nach dem Tod kommt, aber ich bin überzeugt, dass es kein endgültiges Ende ist, sondern ein Schritt in etwas Neues – was auch immer das sein mag.
Für mich bedeutet das, jeden Moment bewusst zu leben, die Zeit mit den Menschen und

Tieren zu genießen, die mir am Herzen liegen. Sowieso sollte man sich nur mit den Menschen und Tieren umgeben die einem gut tun. Denn eines ist sicher: Das Leben wartet nicht auf uns, und wir sollten es nicht auf später verschieben. Irgendwann ist der letzte Schritt getan, und was dann kommt, bleibt ein Geheimnis. Aber vielleicht, und das hoffe ich, ist es ein sanfter Übergang in eine neue Form des Daseins, die uns mit Frieden und vielleicht auch mit denjenigen vereint, die uns vorausgegangen sind.

Und bedenke:
Das Leben zu feiern bedeutet, die Kostbarkeit jedes Tages zu erkennen. Der Tod mag das letzte Kapitel sein, aber er macht die vorherigen Kapitel umso bedeutungsvoller.

Also, nimm dir die Zeit, innezuhalten, tief durchzuatmen und das Leben zu feiern – mit all seinen Farben, Höhen und Tiefen. Denn das größte Geschenk, das wir haben, ist genau das: jetzt hier zu sein.

Ihr Hans Hahn